実践 日本語表現

短大生・大学1年生のためのハンドブック

松浦照子 編 Teruko Matsuura

入口 愛・大竹志保美・久木田恵・
小出祥子・長澤理恵

ナカニシヤ出版

はじめに：この本のコンセプト

　コミュニケーション力の強化が各方面で指摘されている。大学、短期大学の「日本語表現」の現場にいると、学生たちのこの能力に関する変化に日々驚かされることが多い。まず入学当初、友達ができない。自己紹介をさせると「見た目は暗そうですが、案外おしゃべりは好きな方なので、話しかけてください」などという。自分からは話しかけない。待ちの姿勢なのだ。見ているとそんな調子で1か月ほどが過ぎると、同じような雰囲気の友達ができている。まあ孤立はしなかったのだと安心する。

　しかし、そのころにはもう就職指導が始まる。殊に入学年と卒業年しかない短大ではすぐに就職に向けて始動しなくてはならない。「社会ではコミュニケーション能力が求められているのです」。この場合の「コミュニケーション能力」はさらにハードルが高い。気の合う人と話ができるだけでは済まない。違う年代の人、思惑が異なる人とうまくやり取りをしなくてはならない。ミッションをやり遂げる仲間として力を発揮しなくてはならない。「ほうれんそう」が大切だと説く。報告・連絡・相談ができること、一見当たり前のことができないという。しかし、この当たり前にできるはずと思ってしまうコミュニケーションの技術を、要素に分けて的確に指摘し身につけるようにする必要があるのである。

　短期大学の、そして大学の「日本語表現」の現場は、この両方の現実と向き合わねばならない。したがってこのテキストは大学における言語表現の入門としての側面と、社会で通用するコミュニケーション力の養成との2つの要素を加味したものとなっている。

　「第1章　話してみよう・聴いてみよう」の章では、最初に自己紹介の場面を取り上げる。
　人前で自分のことを紹介する。内容は何でもよいわけではない。聞き手が求めている情報を嗅ぎ取る。大学のクラスなら、いまさら大学名はいらない。出身高校の情報のほうが重要性は高い。また、これから1年間同じクラスで学ぶことになるわけだから、そのために相手に知っておいてもらいたい情報を選ぶ。趣味や興味のあることなどを知っているとこれから先演習を進めていく上でスムーズに運ぶだろうと予想する。共通の話題で盛り上がることも、仲間としては大切なことである。
　さらにインタビュー活動をする。グループの中で話し合い、計画を立て、学内にインタビューに出かける。学生たちにとっては外部の人間、社会人にインタビューをする機会だ。対話の実践の場である。また学内に協力体制を整えることも課題である。まず、「日本語表現」における教育目標の理解を得ることが必要だ。教員と職員との意思疎通が欠かせないものである。この活動は第2章の「発表をしよう」につながる。
　第2章では学内インタビューで得た情報を報告会で報告する。事前準備が必要なことに気づかせる。人は耳から聞いただけでは理解が浅い。レジュメを作成する。大勢の前で発表する。許されるならスライドなどを使い、効果的な発表内容を作成する。会の運営にも関わらせたい。もち時間を何分にするか、順番はどうするかなど、運営能力を鍛える場でもありうる。さらに、聴衆は発表を聞き、質疑応答をする。他のグループの発表を一方的に聞くだけでは報告会は成功しない。いわゆる〈質問力〉が要求される。聴きっぱなしにしないで自分との接点を捜さなければ質問は作ることができないであろう。そして、他のグループの発表に対して自分との接点をもって受け止めてこそ、発表したグループに対して誠意をもって対処したことになる。これらの活動を通して〈話す〉力を養う。

学内インタビューをすることには副産物もある。所属する大学の部署を知る。大学で働く人に焦点を当てる。これらは、初めて大学で学ぶことになった学生たちにとって自分たちのアイデンティティー形成のきっかけにもなるであろう。実際には、大学の各部署との事前の連絡、協力依頼などが必要だが、職員の方からは、直接学生と触れ合う機会になり、学生を知るきっかけになったと受け止められている。
　第3章からは「書きことば」に焦点を当てる。
　大学では授業ごとにコメントや感想文を書かせることも多い。また、意見文を書いたり、ミニレポートや、試験としてレポートが課せられることも多い。レポート作成上の注意点として、段落構成を考えながら文を積み重ねていくこと、話しことばを避けて書きことばで表現すること、各種の文献を引用して述べていくときの決まりを知っておくことが要求される。
　第4章は「日本語の文字」について、表記の法則などを解説する。また授業の中では毎時間5分ほどを日本漢字能力検定の練習問題に取り組ませるなど、継続して漢字の学習を課している。漢字能力検定の2級、準2級に挑戦するなど、目標を設定することも有効である。
　第5章からは実際に文献を調べながらレポートに仕上げるまでの工程を想定して述べていく。まず図書館を利用することから始める。書誌事項を押さえること、Webを使った資料のさがし方にも触れる。
　図書館や書店で初めて本を手にした時、どのようにして内容を知るのか。まず、書名や著者からわかることを探す。最近では本のカバーや帯にも内容を知る手掛かりは多い。さらに目次を見る、「はじめに」のところに目を通すなどして、本の「あらまし」を知り、買うかどうか決める。詳しく読むに値するかを吟味する。教育現場で読書を取り上げる際、多くは課題図書を提示する。この本は読むに値すると誰かが推薦したものを手にする。しかしこれは受け身の読書である。誰に勧められたわけではなく、自分で読みたい本を探す。この方法を身につけることが肝心だと思う。まず、1冊の本の概要をつかむ、ここからさらに内容に深く入り込むのである。
　さて、与えられたテーマ、または独自に設定したテーマでレポートを書く場合について述べよう。まず資料探索。そして文献にあたる。その時取り上げる文献は2冊以上でなければならないと指定する。これには次の理由がある。大学入学1年目の学生の場合、特に、自分の考えを独自にもつことは難しい。感想はともかく、客観的な論として考えを確立することは困難であろう。そのようなとき、世に出版されている文献に出会う。そこに展開されている考えに驚き、共感する。そしてさも自分も同じ考えであり、筆者の言っていることは正しいと考える。筆者と自分との同一化が始まり、他人の考えをいかにも自分の考えのように滔々と述べてしまうことになりがちである。そこで、あえて2冊以上の文献を扱うことを義務づける。このことにより、先学2者の考えを客観的に眺める自分の立場を意識させることができるのである。
　実際にレポートを作成する際には、原稿用紙の使い方、引用の仕方などの決まりも示している。
　「テーマのさがし方」については第6章を参考にするとよい。
　第6章では新聞を取り上げる。時事問題、社会問題に関心をもつことは、現代人として身につけておくべき教養の大きな部分を占めると考える。高校までの学習の中でも多寡はあるが新聞は素材として取り上げられてきたであろう。インターネットでのニュース配信が盛んになった現代において、改めて新聞のメリット・デメリットを確認させ、教材として利用していきたい。
　第7章、第8章では就職指導の場面で要求される日本語能力を取り上げる。

まず第7章の「敬語」である。話しことばと書きことばの両面から敬語についての注意点を述べ、練習問題を充実させた。日頃、常体で話しているものがいきなり敬体で話すように要求されてうまくこなしていくことなどできないのが当然である。特に謙譲語の使い方については習熟に時間がかかるようである。繰り返し練習させることが肝心である。

第8章では就職活動の具体的プロセスに沿って課題を提示している。まず、自己分析、エントリーシートの作成である。3段構成の文章を書かせたところともつながるが、論文・レポートとは違いエントリーシートでは限られた文字数の中でどのように無駄のない文章に仕上げていくかが肝要であろう。次に面接の受け答えの場面での日本語を取り上げる。実際にロールプレイなどをして改まった言葉遣いで自分の言いたいことを表現させる練習をする。

以上のように、大学に入学してから卒業していくまでを想定して日本語表現の学習をさせていくところに本テキストの特徴がある。

さて、著者の私たちグループは、短期大学において1998年から継続してグループで「日本語表現」の演習指導に取り組んできた。そして2014年度の「日本語表現」の授業において、牧恵子氏の『学生のための学び入門―ヒト・テクストとの対話からはじめよう』(ナカニシヤ出版)をテキストとして演習を行った。牧恵子氏は1998年当初のメンバーでもあった。現在は担当を外れておられるため、認識の共有をするところから課題であった。著者を交えての事前学習から打ち合わせ、シラバスの策定から教授法の共有など、「ヒト・テクストとの対話」の考え方を学ぶことから始めた。そして教室での学生相互の対話、学生たちに「メンバー」としての自覚をもたせることから始めた。それまでの私たちは少人数教育を最上のものと考えていた。教師と学生とが1対1で向き合うのが理想であると考えていた。確かに、一人ひとりに向き合う教育が価値のあることだということに異を唱えるものではない。しかし、学生が相互に学びあう存在だと自覚することができたなら、教師はどこにでもいる。可能性も広がる。ならば、どのようにしたら学生たちに学習集団であると意識化させることができるかを示せばよい。こうして「ヒトとの対話」を組み立てた。

そしてもう一つが「テクストとの対話」である。大学が学びの場であることは存在基盤にかかわることでもある。学生たちは学問に触れ、客観的な視点からのレポートに取り組み、レポートや論文という文章で表現することを求められる。文献を調べ、観点を比較し、論点を整理する。そのための文献処理能力を鍛える場は実は多くはない。牧恵子氏の『学生のための学び入門―ヒト・テクストとの対話からはじめよう』(ナカニシヤ出版)において提唱された「あらまし読み」と「探し読み」は極めて有効な手段である。その考え方、取り組みを本テキストでも踏襲させていただいた。この方法は、大学におけるそれぞれの専門分野の研究に取り組む際にも有効性を発揮するに違いない。大学の初年次にこのテキストを通して身につけた文献処理能力は、卒業論文作成時におおいに活用されるであろう。

このように、牧恵子氏のテキストとの出会いから本書は出発している。記して謝意を表するものである。

目　次

はじめに：この本のコンセプト　*i*

第1章　話してみよう・聴いてみよう ―――― *1*

1-1　説明する　*1*
1-2　人前で話す　*3*
1-3　「聴く」ことを意識する　*8*
1-4　質問の仕方を工夫する　*12*
1-5　インタビューをする　*18*
1-6　メモをする　*21*
1-7　対話を工夫する　*24*

第2章　発表をしよう ―――― *27*

2-1　口頭発表をする　*27*
2-2　資料を探す　*30*
2-3　レジュメ（発表資料）の作り方　*35*
2-4　スライドを作る　*37*
2-5　司会・進行・質疑応答　*40*
2-6　評価をしよう　*43*

第3章　書いてみよう ―――― *47*

3-1　文章構成を工夫する　*47*
3-2　三段構成で書く　*52*
3-3　書きことばで書く　*60*
3-4　引用をする　*65*

第4章　文字・表記を考えよう ―――― *71*

4-1　日本語の文字　*71*
4-2　表　　記　*74*
4-3　文字を書く　*77*

第 5 章　読んでみよう：図書館を活用する —— 81

 5-1　書誌事項を知る　*81*
 5-2　あらまし読みと探し読みをする　*84*
 5-3　要約文を書く　*88*
 5-4　2冊以上のテクストを読む　*90*

第 6 章　新聞を読もう —— 95

 6-1　社会問題に関心をもとう　*95*
 6-2　新聞記事の構成を知る　*97*

第 7 章　敬語を使おう —— 101

 7-1　話しことばの敬語　*101*
 7-2　書きことばの敬語：手紙を書こう　*117*

第 8 章　就職活動に備えよう —— 125

 8-1　自己分析をする　*125*
 8-2　エントリーシートの書き方　*129*
 8-3　面接を受ける　*133*
 8-4　集団面接を受ける　*136*

 資料①　実践例 学内インタビュー活動　*141*
 資料②　ポスターを制作する〈私のおすすめ本〉　*143*
 資料③　原稿用紙の使い方をマスターする　*144*
 資料④　授業運営のヒント　*148*

第1章 話してみよう・聴いてみよう

　日常会話、コミュニケーションは人と人との交流であり、「ことばのキャッチボール」ともたとえられている。それは1対1とは限らず、1対多の場合もあれば逆に多対1の場合もあり、多対多もあり得る。いずれの場合も一方が話しているときは一方は聞き手となり、話の内容を理解しようとする。この章は「1-1　説明する」「1-2　人前で話す」「1-3　「聴く」ことを意識する」「1-4　質問の仕方を工夫する」「1-5　インタビューをする」「1-6　メモをする」「1-7　対話を工夫する」の7つの観点からの構成となっている。話し手・聞き手双方の基礎的知識を身につけ、日常の言語生活を円滑に送る事ができるよう役立てられることを狙いとしている。

1-1　説明する

　日常生活の場面で人に説明する場面は非常に多い。自分の考えや気持ちを相手に伝えようと説明したり、道案内のように相手の質問に答えたりする場合などさまざまである。話の内容を相手に確実に届けるために「説明する」のは「話す」という言語行為の基本であるといっても過言ではない。説明の仕方としてはその内容に応じて、物事について定義づけや条件を提示しながら説明するものと、時系列や空間把握に沿って順序立てて説明するものとがある。以下、それぞれの場合についてみていく。

1　物事を説明する場合
　①まずその物事が何の範疇に属しているのか、大きなところから述べる。

> 【例】
> 「リカオン」：動物。イヌ科の哺乳類。
> 「桜」：木本植物。バラ科サクラ属の落葉樹。
> 「ご相談があります。」：「ご相談というのは明日の会議の件です。」

　②徐々に細かい点について述べていき、同じグループ内の他のものとの区別をする。

> 【例】
> 「リカオン」：アフリカの草原地帯に分布。夜行性で数十頭の群れでインパラなどの草食動物を捕食する。体長70cmほどで立ち耳垂れ尾、黒褐色の体毛に白や茶色の不規則な斑模様がある。別名ハイエナイヌとも言い、ハイエナに似るがハイエナは分類上ジャコウネコに近い。
> 「桜」：中国大陸にも分布するが日本に最も品種が多い。花は春開花するものが中心であるが、2月頃や秋に咲くものもあり、白色・淡紅色から濃紅色で八重咲きのものもある。花びらには切り込みがありハート形で、同属の梅や桃などとは区別される。
> 「会議でのプレゼン資料中のA支店の数値に気がかりな点があるのですが。」

　③説明文中に説明している語を入れてはいけない。また、一般的でないものを引き合いに出して説明するのもよくない。

【よくない例】
「桜」：花は桜色をしている。桜色とは桜貝のような色である。
「枝垂れ桜」：以前、TVの旅番組に映っていた京都の元庄屋さんの家の玄関先にあった松の隣の大きな木がそれだ。

2　順序立てて説明する場合

①聞き手がまず全体像を把握し易くする。大きなところから説明していくのは前項と同様である。最初に具体的な時間・距離・場所・材料などを述べる。

【例】
「道案内」：歩いて5分ほどのところです。
　　　　　ここから400mぐらい先になります。
　　　　　会場はこの建物の3階になります。
「料理」：（4人分）用意するものはタマネギ中1個、トマト中1個、ニンニク1片、バジル少々、白身魚4切、薄力粉少々、塩・コショウ適宜、オリーブオイル大さじ3杯、レモン適宜。

②時系列や空間配置の順序に沿って説明していく。

【例】
「道案内」：駅前の交差点を左に曲がり、20mほど先の郵便局の角を右に行っていただきます。そのまままっすぐ200mほど歩かれると左手に看板がございますのですぐおわかりになると思います。
「間取り説明」：玄関の左側に水回りがございます。手前がトイレ、奥のドアが浴室となっております。右手は約6畳の和室、廊下の突き当たりがリビング・ダイニングです。
「料理」：白身魚に塩・コショウをして軽く薄力粉をまぶす。タマネギは薄くスライスし、トマトは粗みじんにする。フライパンにオリーブオイルを引き、軽くつぶしたニンニクを入れて熱し、香りづけする。ニンニクが焦げる前に取り出し、魚を入れる。

③具体的な場所や物が眼前にあれば利用するが、現物がなくても聞き手がイメージしやすいよう配慮する。

【練習問題】
❶身近な単語を説明してみよう。
　【例】「時計」「ピアノ」「トトロ」など
❷道案内をしてみよう。敬語を使って丁寧に言おう。
　【例】路上での案内、受付嬢としての案内など
❸間取り図を見ながら説明してみよう（不動産屋の案内役）。
❹簡単にできる料理の作り方を説明してみよう。
❺その他、折り紙・あやとり・漢字の書き方などさまざまな事柄について説明してみよう。

1-2 人前で話す

人前で話をするときには、どのようなことに気をつければよいだろうか。その時々の状況に合わせて、相手に伝わっているかを考えながら、人前で話せるようになろう。

1 話すときの条件
①話をする場所

どのような場所で話をするのかを把握し、確認しておく。それによって声の大きさや視線を考慮する。

> ❶会場の広さ・形態
> ・テーブルの配置と発表者の位置 ……………… 円卓・コの字形・教室風・演壇の有無 など
> ・階段教室
> ❷設　備
> ・機　器 ……………………（マイク・モニター・スライドなど）の使用ができるか
> ・照　明 ………………………………… 調節ができるか・メモを取ることができるか
> ・空　調 ………………………………………………………… 快適に過ごすことができるか

②聞き手

どのような人に、どのような形態で話すのかを把握しておく。

> ❶話し手と聞き手の人数（形態）
> ・1対1 ……………………………………………………………………… インタビュー
> ・1対多 ……………………………………………………………………… 講　演
> ・多対多 ……………………………………………………………………… シンポジウム
> ❷進行方向
> ・一方向 ……………………………………………………… 話し手からの話題提供
> ・双方向 ……………………………………………………………… 聞き手も参加
> ❸聞き手の属性
> ・性別・年齢・出身地・学歴・職業・話者との関係 など
> ・興味・関心
> ・人　数

2 話すときの態度や心構え
①姿　勢

人前で話をする場合は、話の内容とともに、話し手の全身から受ける印象も重要になってくる。

まず背筋を伸ばして胸を張り、両足をきちんとそろえて聞き手の前に立つ。手は自然に両脇におろすか、軽く組む。スクリーンにパソコンの画面を投影し、それを指し示しながら話すような場合には、自分の姿がスクリーンにかぶらないように立つ。また、マイクを手で持つ場合には、脇を締めてひじを固定すると、口とマイクの距離が一定となり、声をひろいやすくなる。

スピーチ本番までに、人前に立った時の自分の姿を撮影し、どのように見えるか確認してみ

るとよい。事前に全身が映る鏡の前で練習してみよう。

> 【よくない例】横柄な感じを与えるので気をつける
> ・ポケットに手を突っ込む
> ・腕組みをする
> ・手を後ろで組む

②表情・視線
　話を聞く側にとって、話し手のこわばった表情や視線の落ち着かない様子から、話の信用度が薄れる場合がある。反対に、生き生きとした表情は聞き手をひきつけ、より熱心に耳を傾けてくれることであろう。その場合、目の動きが大きなカギとなる。人前で話をする場合、次のようなことを心がけよう。

> 【人前で話す時の目の動き】
> ・話し始める前に、聴衆全体を見る
> ・聞いている人の中の一人か二人に目線を合わせて話し出す
> ・気持ちが落ち着いてきたところで、他の人へと視線を広げてみる

　人前で話す経験を積んでいくうちに「見られる自分」から「見る自分」へと意識を転換していこう。

> 【よくない例】
> ・聞き手から目線をそらす
> ・目がキョロキョロして一定しない
> ・下を向きっぱなしである
> ・ずっと天井を見上げたままである

③声の調子・発音
　明朗な発音を心がける。スピーチでは、張りのある、少し高めの音程を出すと、聞き手も気持ちがよい。小さな声でぼそぼそと話しても、何を伝えようとしているのかわからない。語尾をはっきりさせることなどにも気をつけよう。滑舌をよくするために、日頃から「アイウエオ体操」などで口周りの表情筋をほぐしておこう。

> 【よい声を出すトレーニング】
> ㋐腹式呼吸
> 　胸ではなく、お腹を使って呼吸をする。こうすることで、スピーチの時も気分が落ち着き、よい声が出る。
> ㋑母音のトレーニング（アイウエオ体操）
> 　日本語の発音は、5つの母音が基本となる。したがって、母音を響かせることによって、よい声が出る。それぞれの母音の、口の開き方・舌の位置・唇の形を確認し、ゆっくり発音する練習をする。
> ・「ア」：あくびをした時のように、あごを大きく開き、舌もあごと一緒に下げる。

- 「イ」：口を横に開き、あごはほとんど開けない。舌の前のほうが硬口蓋(こうこうがい)に近づく。
- 「ウ」：あごの開きは最も小さい。奥舌は軟口蓋(なんこうがい)に近づく。唇で小さな○をつくる。
- 「エ」：唇は横に開くが、「イ」ほどではない。舌の前面が上がる。
- 「オ」：唇を丸め、舌も同様に丸くする。

```
ア・エ・イ・ウ・エ・オ・ア・オ
カ・ケ・キ・ク・ケ・コ・カ・コ
サ・セ・シ・ス・セ・ソ・サ・ソ
タ・テ・チ・ツ・テ・ト・タ・ト
ナ・ネ・ニ・ヌ・ネ・ノ・ナ・ノ
ハ・ヘ・ヒ・フ・ヘ・ホ・ハ・ホ
マ・メ・ミ・ム・メ・モ・マ・モ
ヤ・エ・イ・ユ・エ・ヨ・ヤ・ヨ
ラ・レ・リ・ル・レ・ロ・ラ・ロ
ワ・エ・イ・ウ・エ・オ・ワ・オ
```

④スピード・間

　人前で話す時は、聞き手が聞き取りやすい速さで話す必要がある。日常会話より、いくぶんゆっくりというのが目安である。早口すぎて、聞き手が話の内容を聞き取れなかったり、理解できなかったりするようでは困る。反対に、ゆっくりすぎてしまうと間延びして話に締まりがなくなり、聞き手がいらいらしてしまうということもある。程よい速さについて、アナウンサーの話し方や友達の聞き取りやすい話し方を参考にしてみよう。話すペースとしては、1分間に300字程度が目安である。

　また、適当な「間」をおくことも必要である。息継ぎなどの生理的な間のほか、意識的に作る間もある。意味の切れ目や強調したいとき、聞き手の反応を見るための間などである。これらをうまく取り入れながら、その場にあった話し方を心がけよう。

3　話すときの具体的な流れ

　人前で話をする場合、以下のような流れで話してみよう。また、具体的に目に浮かぶように話すと相手の印象に残りやすい。ジェスチャーや現物を示すのも効果的である。

①始めの言葉

　名前、テーマを言う。場合によっては所属も明らかにする。

> 【例】
> 「桜花華子です。これから○○について発表します」「本発表は、△△、□□、××の順に構成されています」

②本　題

　話の内容にかかわる日時や場所などを具体的に入れる。会話をそのまま盛り込んだり、人や物の動きを描写したりするのもよい。また、表やグラフなどの資料や視聴覚機器を使うことも効果的である。

③発表中の注意

　レジュメを説明する際には、順序立てて説明し、節目を明確にする。

> 【例】
> 「まず、1の△△について説明します」「以上で、2の□□を終わります」「次に……」「それから……」「さらに……」「最後に……」

　資料のどこを見てほしいのか示す。

> 【例】
> 「資料の左下にある図1をご覧ください」

　図表の重要な部分については表の数値を読み上げるなど、丁寧に説明する。

> 【例】
> 「このグラフは○○についてまとめたものです」「このグラフを見てわかるように、第1位は△△です」「このグラフから……ということがわかります」

　自分の意見、感想をきちんと伝える。

> 【例】
> 「したがって、（私は）……と考えます」「以上のことから、……が明らかになりました」「それゆえ、（私は）……ではないかと思います」「やはり、（私は）……に賛成（反対）です」

④終わりの言葉

　発表を終えることを告げる。場合によっては、お礼の言葉や指導・助言を求める言葉を添える。

> 【例】
> 「これで、○○についての発表を終わります」「以上で終わります」「ご清聴ありがとうございました」「ご指導のほど、よろしくお願いいたします」

> 【練習問題】
> ・自己紹介をしよう（1人　　　分）
> ・好きな言葉を紹介してみよう（1人　　　分）
> ・最近気になっているニュースについて話してみよう（1人　　　分）

メモを取ろう！

1-3 「聴く」ことを意識する

1 いかに「聴く」ことが重要か

　日常生活において、「聴く」ことを意識しながら人の話を聴いている人はどれほどいるであろうか。意識せずとも人の話を聞くことができる、理解することができるということから、「聴く」ことをなおざりにしてしまう場合もある。しかし、コミュニケーションをはかる上で「聴く」ことは重要な役割を果たす。例えば、会話のなかで「○○ということですね」など自分が言ったことを相手がくり返したり、相手が自分の話を聴きながらうなずいたりすると、「自分の話を十分に理解しながら相手は話を聴いてくれている」と思い、さらに話が弾むということもある。つまり、積極的に「聴く」姿勢をもつことは、コミュニケーションを円滑にするための1つの要素といえる。

　経済産業省は「職場や地域社会で多様な人々と仕事をしていくために必要な基礎的な力」として「社会人基礎力」を提唱している。このうちの「チームで働く力」に「傾聴力」がある（図1-1）。人と関わりながら仕事をする際に、自分の意見だけを述べ、人の意見に耳を傾けない、適当に話をきくことをしていては、決してよい人間関係は築けない。ましてよい仕事もできないだろう。これは社会人のみに要求される力だけでなく、学生生活をおくる学生にとっても必要な力といえる。学生であっても在学期間中にさまざまな人と交流する機会がある。その際に、コミュニケーションの要となるのが「聴く」力なのである。

「社会人基礎力」とは

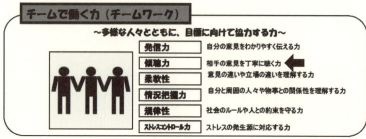

図1-1　社会人基礎力　3つの能力・12の能力要素

経済産業省ホームページ「社会人基礎力」経済産業省　http://www.meti.go.jp　2016年2月24日閲覧

2 「聞く・聴く・訊く」の区別

ひと口に「きく」といっても、さまざまである。「聞く」「聴く」「訊く」の書き分けがあるように、それぞれの「きく」には違いがある。「きく」という行為は、以下のように区別することができる（穐田, 2004）。

> ❶聞こえる……きこうとする意志がなくても物理的な音や音声が耳に入ってくること。例えば、サイレンや鳥のさえずりなど。
> ❷聞　く……きこうとする意志をもってきくこと。例えば、日常の会話やラジオなど。
> ❸聴　く……きこうとする意志をもって念入りにきくこと。例えば、授業や講演など。
> ❹訊　く……人に尋ねる、問うこと。例えば、質疑応答などでの質疑。

場面に即した適切な"きき分け"ができることが望ましい。

3 「聴き」上手になるために

漫然と人の話を聞くのではなく、積極的に「聴く」ためにはどのようにすればよいか。以下に、「聴く」ためのポイントを挙げる。「聴く」技術を身につけ、よい「聴き」手になろう。

①動機づけ
　相手の発言からどのようなことをきき取りたいのか、目的を明確にする。

②常に「問い」をもって聴く
　論理展開に矛盾はないか、テーマや問いに対する答え（結論）となっているか、答え（結論）に納得できるかなど、常に「問い」をもちながら相手に話をきく。

③メモを取る
　話の要所や疑問に思った箇所などをメモする。メモの取り方については「1-6 メモをする」を参照すること。

【参考文献】

穐田照子（2004）「3-2 オーラル・コミュニケーション」畑山浩昭・為田英一郎・荒木晶子・穐田照子・尾関桂子・山本薫・早川芳隆『自己表現の技法－文章表現・コミュニケーション・プレゼンテーション』実教出版 pp.122-124
言語表現研究会（1993）『コミュニケーションのためのことば学』ミネルヴァ書房

T-1 演習問題

1. 次の問いに答えなさい。

講義に入る前に実施する作業

1）いまから3分間、きこえる音・声をメモしなさい。

講義を聴いたあとに実施する作業

2）いまから3分間、「聴く」ことを意識し、きこえる音・声をメモしなさい。

3）上記のメモの違いについて、気づいたことを書きなさい。

演習問題

2. 次回の授業までに人の話を聴き、以下の問いに答えなさい。

1) 人の話を聴き、内容などをメモしなさい。
実施日　　　　　　年　　　月　　　日（　　　）
話をした人の氏名
内容メモ
話をした人の話し方について、気づいたこと
「聴く」ことを通して、あなたが気づいたこと

2) 上記の内容をクラスのメンバーに報告し、以下の点について話し合いなさい。
・「聴く」ためにはどのようなことが必要か
・聴いていて、わかりやすい話し方とはどのような話し方か　など

1-4　質問の仕方を工夫する

　話し手の多くは自分が話したい、聴いてほしいと思っている。わからないことがあれば、率直に訊こう。質問をすることで話題を広げたり、深めたりすることができ、コミュニケーションも深まっていく。

1　「質問」がコミュニケーションを深める
①質問のメリット
　「質問」をするといっても、不明な点を明確にするだけの行為ではない。質問のメリットとして、以下のことが挙げられる。

> ❶聞き手がわからないことや知りたいことを明らかにする。………………（情報収集）
> ❷話し手の話したいことを引き出し、話題を弾ませる。………………（会話の促進）
> ❸話し手に関心があることを伝える。………………………………………（好意の伝達）
> ❹話し手自身が気づいていないことに気づかせる。………（相手の理解や発見の誘引）

　発表の場だけでなく、日常的な雑談においても、質問をすることで、話し手・聞き手とともに話題にしていることがらについて理解を深めることにつながる。「訊く」は、自分が知りたい情報を「問い」を発して「きき出す」行為である。疑問に思ったら遠慮せず、訊いてみよう。

②質問の種類
　質問にはいくつかのパターンがある。何についてきき出すかによって、質問の仕方も変わってくる。目的に合った質問を考えよう。ここでは次の4つのパターンをみていくことにする。

> ❶ イエス・ノーで答えられる質問をする（クローズドクエスチョン）
> ❷ 理由や根拠を問う質問をする（オープンクエスチョン）
> ❸ ❶と❷を組み合わせて質問をする
> ❹ 5W1Hを使って質問をする

　❶イエス・ノーで答えられる質問をする：「はい・いいえ」など定められた回答で答えられる質問をクローズドクエスチョンという。

> 【メリット】相手の考えや事実を明確にしたい場面などで有効である。
> 　【例】「トマトは好きですか」。
> 【デメリット】「はい」「いいえ」で答えることができるが、答えを限定してしまう。

　❷理由や根拠を問う質問をする：理由や根拠を問う質問をオープンクエスチョンという。

> 【メリット】相手からより多くの情報を引き出したいときに有効である。
> 　【例】「どうしてトマトが好きなのですか」
> 【デメリット】話の幅が広がるが、答えに窮することがある。

❸オープンクエスチョンとクローズドクエスチョンを組み合わせて質問する：オープンクエスチョンで話題の方向性を決め、クローズドクエスチョンで選択するという使い方もある。

> 【例】
> 「大学生活では何に力を注ごうと思っていますか」
> 「大学では、海外留学と学外研修ができますが、どちらを体験しようと思っていますか」

❹5W1Hを使って質問をする：文章や発言は、5W1Hによって完成する。明示されていない場合は、不明な点を聞くための質問が必要になる。明示されている場合は、確認のための質問となる。5W1Hを使って質問をするのもオープンクエスチョンの一種である。「5W1H」は、「問い」の要素であり、質問の基本となる。きき出す内容により、2つの「問い」に分けられる。

> [1] 事実を確かめる「問い」
> [2] 事実を深める 「問い」

> 【例】昨日、名古屋へ太郎君は家族と映画を見るために電車で行った。
>
> [1] 事実を確かめる「問い」の要素：具体的な情報を求める質問をする時に用いる
> ....〔When・Where・Who・What〕
>   When （いつ・時間）..................... いつ太郎君は映画館へ行ったのですか。
>   Where （どこで・場所）................. 太郎君は家族とどこへ行ったのですか。
>   Who （誰が・主体）..................... 誰が映画館へ行ったのですか。
>   What （なにを・行動）................. 昨日太郎君は家族と何をしたのですか。
> [2] 事実を深める「問い」の要素：情報を求めるのではなく掘り下げたり、根拠を問うたりする時に用いる
> ....〔Why・How〕
>   Why （なぜ・目的）..................... なぜ太郎君は名古屋へ行ったのですか。
>   How （どのように・手段）......... 太郎君はどのようにして映画館へ行ったのですか。

この形式で質問すると、具体的な返答が戻ってくる。新しい論点で質問したい時などに、有効な質問の方法である。

> 【練習問題】
> ❶問：あなたが、大学生らしさを感じる（感じた）ときはどんなときか。
>   隣の学生に、理由もつけて話してみよう。そのあとで、オープンクエスチョンとクローズドクエスチョンで訊いてみよう。
> ❷❶で訊いたオープンクエスチョンから、話題を広げていこう。
>   ひとつの話題について、オープンクエスチョンをして、その話題について深めていこう。話題があちこちに飛ばないように注意すること。
> ❸次の例文を、5W1Hの「問いの要素」を使って、質問形にしてみよう。
>   次郎君が表彰された。

2 「よい質問」について考える

①質問のポジション

何が知りたいか・聞きたいかによって質問の仕方が変わることをみてきた。次に、話し手、聞き手のどのような意識によって発せられた質問であるのか【図A】、また、物事の性質や本質を聞き出すために発せられた質問であるのか【図B】についてみていこう。

下の図A・図Bの①～④は質問例である。A・B2つの図で、どのゾーンに「よい質問」があるだろうか。

質問を受けたものが、何を答えればよいのかわからないような問いでは困る。また、それを訊く意図がわからなかったり、場にそぐわなかったりする問いであってもいけない。

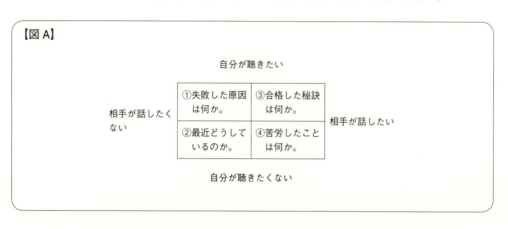

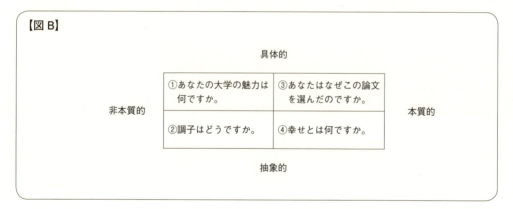

「よい質問」のゾーンは、図A・Bともに③のゾーンである。「具体的な情報を求める質問」であること、「論理的な思考のできる質問」であることが重要である。

②求められる質問力

問題に突き当たった時、私たちは必要な情報を収集し、それを分析して、次の行動に生かすことが重要になってくる。必要な情報を手に入れるためにはいわゆる「よい質問」ができることが大切である。

「よい質問」が発せられれば、多角的な情報や、最も必要と考えられる情報を手に入れることができる。論理的な思考技術に基づいて、問題や状況をしっかり分析し、問題解決に努めることになる。考えるための質問を繰り返していくうちに、ものごとの本質が明らかになってこよう。

思考のプロセスでは、どのような情報が必要であるのか、どのような解決法があるのかなどといった問題解決のための具体的方策を導くことのできる質問力が必要となる。

質問力は技術でもある。訓練することで身につけることができる。どのような質問が大切なのか、常に意識するのと同時に、「よい質問」ができるように常に質問する姿勢を身につけたい。

ここでいう「よい質問」とは、「具体的な情報を求める質問」であること、「論理的な思考のできる質問」であることであり、そういった質問ができることが重要である。

③質問時の心得

質問をするときに気をつける点は以下のとおりである。

【よい質問】
❶簡潔に質問する
❷理解できなかったところを質問する
❸具体的な情報を求める質問をする
❹論理的な思考のできる質問をする
　　　　↕
【悪い質問】
❶相手を困らせるだけの質問
❷あいまいな質問
❸論点がずれている質問

まずは、相手の話をよく聴かなくてはならない。どのような意識によって発するのか、また、物事の性質や本質を訊きだすために発するのかを明確にした上で、論理的な思考につながる「具体的な情報を求める質問」ができるように心掛けることが大切である。

3　質問の仕方

①授業での質問の仕方

授業中に質疑応答の時間があれば、積極的に質問しよう。質問への答えや補足説明を、質問者だけではなく他の学生すべてが聴くことになる。このやりとりをクラス全員で共有することで、授業が深まってゆく。

質問するつもりで、授業を聴くことが大切である。

❶メモや印をつける
　訊きたいことの要点をメモしておく。
　わからないところ・疑問に思うところに印をつけておく。
❷質問したい箇所について、どのように質問するか、簡単にまとめておく。

②発表での質問の仕方　（☞ 2-5）

聞き手に多くの情報がもたらされるスピーチや発表は、発表者にとっては聞き手の反応が気になるものである。しかし、聞き手も、やみくもに質問をすればよいというものではない。聞き手の質問によって、どれだけ相手の話を聴いていたかが量られる。

聞き手は、発表内容をノートに取るときに、質問もメモをするなどして「意識して」聴こう。

次のようなパターンで質問を考えてみよう。

> ❶具体的な例を訊く
> 【質問例】「ライチョウのひなが誕生した動物園では慎重に飼育、観察していく」とあるが、具体的にはどのような世話をするのか。
> ❷原因と結果の関係を訊く
> 【質問例】米飯とパンでは米飯の方が腹持ちがよいと思われるが、なぜ腹持ちがよいのか。
> ❸数字の背景を訊く
> 【質問例】国の目標として、2020年には男性の育児休業取得率を13％にすると定めているが、どこから13％という数字がでてきたのか。
> ❹自分の経験を踏まえて訊く
> 【質問例】私は留学して貴重な異文化体験ができたが、最近の学生はなぜ留学をしないのか。
> ❺視点を変えて訊く
> 【質問例】消費者は価格競争に敏感で安価な商品を求める傾向にあるが、生産者は安心・安全な商品を追求する一方で、消費者が購入しやすい価格にするためにどのような努力をしているか。

③インタビューの場での質問の仕方（☞ 1-5）

❶人の話を上手に聴こう：雑談でもインタビューでも、聴こうという気持ちが聞き手になければ、話し手側も話そうという気持ちがなくなってしまう。相手の話に興味を示して、相手の話を楽しもう。

❷話し手に興味をもとう：話し手は、相手が自分のことや話の内容についてどの程度知っているかに応じて、話を変える。また、熱心に聴くことによって、話し手はきちんと話そうとする。話し手に気持ちよく話してもらうことができれば、思った以上の話を聴くことができるかもしれない。

大切なのは聞き手の予備知識ということである。前もって調べておき、そこから生まれた疑問を質問しよう。インタビューの成否は、下調べにあるといえる。

> 【下調べ（情報収集）をしよう】
> ⓐインタビュー相手について
> ⓑインタビューのテーマについて

❸聞き取りのテクニック：相手の話を聴いていること、理解しようとしていることを、態度や言葉で話し手に伝える。うまく伝えられれば、話し手の不安感を取り除き、安心して話してもらうことができる。

> うなずき・あいづち・繰り返し・言い換え

❹質問のテクニック：インタビューでは、質問をして、聞き手にとってわからないことや知りたいことを明らかにする。上手な聴き方をすれば、話し手の話したいことを引き出し、会話を弾ませることができる。

> ⓐ 一回につき、質問は一つにする
> ⓑ 何を答えるのか、わかるように質問をする
> ⓒ さまざまな角度から質問する
> ⓓ ひとつ前の返答やテーマに関連した質問をする
> ⓔ 話を聞いていて浮んできた疑問は、その場で質問する

次に、上記のⓑ・ⓒ・ⓓを、例を挙げてみていこう。

> ⓑ 何を答えるのか、わかるように質問をする
> 事実を答えるのか、気持ちや考えを述べるのかを明確にする。
> 　【例：事実を尋ねる】「どのようなことをしていますか」「きっかけは何ですか」など
> 　【例：気持ちや考えを尋ねる】「どのように思いましたか」「何が必要だと考えますか」など

> ⓒ さまざまな角度から質問する
> 　【例：話題を広げる】「ほかにはどのような活動をしましたか」「それから〜」「例えば〜」など

> ⓓ ひとつ前の返答やテーマに関連した質問をする
> 　【例：話題を掘り下げる】「なぜそのようなことが起きたのですか」「どのように〜」など

❺ インタビュー時に注意すること：すぐに返答がなくても、話し手は考えている。矢継ぎ早に質問をしたり、次の質問に移ったりしないようにしよう。口を挟むと、言いたかった言葉を飲み込んでしまうことがある。中途半端で終わってしまうと、重要な話を聞き逃してしまうことになるので、注意しよう。相手の目を見て聴くことで、最後まで話をきちんと聴くことができる。

> 【練習問題】
> ❶ この節の「③インタビューの場での質問の仕方　④質問のテクニック」を参考にして、実際にインタビュー活動をおこなう時の質問を考えてみよう。

【参考文献】

飯久保廣嗣（2003）『質問力―論理的に「考える」ためのトレーニング』日本経済新聞社
工藤浩司（2003）『最強の質問力―論理的に「考える」ためのトレーニング』実業之日本社
齋藤　孝（2003）『質問力―話し上手はここがちがう』筑摩書房
田中共子［編］（2003）『やわらかアカデミズム・〈わかる〉シリーズよくわかる学びの技法』ミネルヴァ書房
西村宜幸（2008）『コミュニケーションスキルが身につくレクチャー＆ワークシート』学事出版
宮崎聡子（2004）『上手な聴き方が身につくスキル』あさ出版

1-5 インタビューをする

ここでは、インタビュー活動を通じて、さまざまな立場の相手と会話する際の方法を学ぶ。また、会話の中でリーダーシップをとり、戦略的に相手から答えを引き出す方法を考える。

1 インタビュー活動の流れ

インタビューの目的を確認する ↓ インタビューの形態を決定する ↓ アポイントメントをとる ↓ インタビュー先を調査する ↓ 質問内容を考える ↓ インタビューを実施する	インタビュー前の活動
↓ インタビュー先に礼状を書く ↓ レポート／レジュメにまとめる	インタビュー後の活動

2 インタビュー活動の準備

①インタビューの目的を確認する

インタビューは、相手との会話を通じて情報を得る方法である。相手のものの見方や感じ方、公になっていない経験など、私たちがアクセスしにくい情報を得ることができる効果的な方法である。しかし、会話の流れによっては、得たい情報が得られないことや、まとまりのない「おしゃべり」に終わってしまうこともある。そのため、活動を始める際に、そのインタビューの目的をしっかり確認し、インタビューの準備から実施まで、戦略的に組み立てていく必要がある。

②インタビューの形態を決定する

インタビューに適した環境は、相手と目的によってさまざまである。アポイントメントをとる前に、以下のことを決定しよう。

> **ⓐ個人インタビューか、グループインタビューか**
> 個人で行うのか、複数人で行うのか決定する必要がある。アポイントメントを取る際に、何人でインタビューをするのかについては、相手に伝えた方がよい。また、複数人でインタビューを行う場合、質問をする人・メモをとる人など役割を分担しておくとスムーズにインタビューが進む。

ⓑ**インタビューをどこで実施するか**
　どのような雰囲気でインタビューを行いたいのかを考えて、場所を選ぶとよい。例えば、リラックスした雰囲気がよいのならばカフェなどでもよいし、昼食を一緒に取りながらでもよい。会議室などを借りてインタビューを行えば、改まった雰囲気でインタビューを行うことができる。もちろん、相手の都合も考えて、場所を選定することも大切である。

ⓒ**どのくらいの時間をとるか**
　どのくらい詳しくインタビューをするのかによって、必要な時間も変わってくる。また、インタビュー内容によっては、1度のインタビューでよいのか、複数回インタビューをする必要があるのかも変わってくる。アポイントメントをとる際に、相手に伝える必要があるので、先に決定しておこう。どうしても相手と時間が合わない場合には、電話やEメールでインタビューを行うという方法もある。

ⓓ**どのような手段で記録をとるか**
　記録の取り方は、大きく分けて、①手書きでメモをとる、②レコーダで音声を録音する、③ビデオカメラで音声と映像を記録するという方法がある。音声や映像を記録したい場合には、予め相手の了解をとっておこう。また、レコーダ、ビデオカメラなどを使用するインタビューでは、周りの騒音や光の加減も考えて、インタビュー場所を選ぼう。

③アポイントメントをとる

　アポイントメントのとり方には、①直接申し込みに行く、②電話で申し込む、③Eメールで申し込むという方法がある。どの場合にも、「相手は忙しい」ということと、「自分のためにわざわざ時間を作って、インタビューに応じてくださる」という感謝の気持ちをもつことが大切である。
　次のようなフレーズを使って、感謝の気持ちを伝えよう。

【例】
お忙しいところ、誠に恐縮ですが…／（他人から紹介してもらった場合）○○さんからの紹介で…／お時間はございますか／…して頂けると幸いです／お手数をお掛けいたしますが、どうぞ宜しくお願い致します

　また、インタビュー実施予定日の2週間程度前には、アポイントメントをとりに行くようにしよう。常に、相手の都合を考え、相手に合わせようという姿勢が大切である。

④インタビュー先を調査する

　インタビューでは、限られた時間で、自分たちの欲しい情報を相手から引き出す必要がある。そのため、調べればわかる内容を相手に聞いている時間はない。そこで、インタビュー相手について公開されている情報は、先に調査しておく必要がある。また、事前に調査をすることで、より核心に迫った質問をすることもできる。例えば、以下のような媒体を調査することで、さまざまな情報を得ることができる。

【例】
著書、新聞記事、雑誌記事、公式ブログ、公式HP、公式ツイッター、フェイスブック……

⑤質問内容を考える

　質問には、イエス／ノーで答えられる質問と、そうではない質問の2種類がある。後者の方が、話し手の個性が出る質問であり、会話も弾みやすい。イエス／ノーで答えられる質問をする場合には、さらに「なぜそうなのか」「どのように行ったのか」など、突っ込んだ質問に繋げていくことが望ましい。ただし、相手のプライバシーに配慮した質問内容となるように注意が必要である。

●インタビュー活動の実施

①持ち物
筆記用具、メモ用紙、下敷き、（レコーダ、ビデオカメラ）
筆記用具やメモ用紙は十分にあるか、レコーダ、ビデオカメラは正常に作動するかを確認しておこう。

②心がまえ・言葉遣い
「忙しい中で、相手はインタビューに応じてくださっている」という気持ちを忘れず、インタビューを行おう。敬語を使うのは最低限の礼儀である（☞第7章）。また、「お忙しいところ、まことにありがとうございます」「大変勉強になりました。貴重なお話をいただき、ありがとうございました」など、挨拶も意識的に行おう。

③目線・間
目線によって、相手に興味をもっていることを示すことができる。ただし、相手の目をじっと見つめていると、威圧感を与えてしまい、会話が弾まなくなってしまう場合もある。目線は相手の鼻あたりに向けるとよい。
また、質問の途中で、「間」が空いてしまうこともある。相手が質問の答えを考えている場合は、沈黙を恐れず、じっと待つことも大切である。

④メモをとる
相手の言葉を一字一句メモすることは難しい。キーワードを抜き出し、後で再構成できるようにメモをとることが大切である。

⑤質問を広げる
相手の答えに対し、疑問に思ったことは、その場で確認しておこう。また、相手の答えの中からキーワードを抜き出し、相槌を打つことで、そのキーワードに対してさらに会話が膨らみやすい。

●インタビュー活動の振り返り

①インタビュー先に礼状を書く（☞7-2）
②レポート／レジュメにまとめる（☞第2章，第3章）

【練習問題1】
今まで行ったことのあるインタビュー活動について、5W1Hを意識してまとめておこう。
また、改善できる点についても、記しておこう。

【練習問題2】
他己紹介をすることを目的として、クラス内でインタビューをしてみよう。

【参考文献】
牧　恵子（2014）『学生のための学び入門―ヒト・テクストとの対話からはじめよう』ナカニシヤ出版

1-6　メモをする

　話の要点を正確に聞き取ることは、次に話すための基礎であり、豊かなコミュニケーションの前提でもある。そのためには、効果的なメモの取り方を身につける必要がある。うっかり聞き逃したり、自分の思い込みで内容をゆがめたりしないように注意しよう。

【メモを取るコツ】
❶下敷きなどを用意し、書きやすい姿勢を確保する。
❷これからの話がどのような内容なのか、あらかじめ予想しておく。いきなり全部書き取ろうとするのではない。何についての話なのかをしっかり把握した上で、何をメモすべきなのか予想をする。
❸メモは一字一句逃さず全部書き取るのではない。キーワードなど、要点のみを書き留める。何が重要なのかを見極めることが肝心である。
❹素早く対応するために、自分がわかる範囲での省略や略語、→などの記号を活用するのもよい。
❺特に、日付や場所、量などの重要な数字や固有名詞は正確に書き取る。
❻あとで見返してみて、自分自身で内容が把握できるように書き取る。

【練習問題1】
❶メモを取りながら自己紹介してみよう。

プロフィールメモ
名　前
出身地
趣　味
好きな食べ物
好きなスポーツ
その他

❷メモを基に他己紹介をしよう。
❸聴き間違いはないか、工夫できることはないか、考えよう。
❹他の人のとったメモと自分のメモを見比べてみよう。

【練習問題2】
❶メモを取りながら電話を受けよう。

電話メモ
発信者の名前
内　容
返　信　　　　　　　要　・　不要
受信者の名前

❷内容を第三者に伝えよう。
❸うまく伝えられたか、確かめよう。
　・誰からの電話か
　・誰にかかってきた電話か
　・用件は何か
　・いつ、どこで、なにを、誰となど5W1Hを正確に聞き取っているか

[練習問題2の参考資料]

メモを取る練習をするときに次の例を使ってみよう。

【電話の例】

❶自宅で一人留守番をしているときに、母に同窓会の案内の電話がかかってきた

発信者：もしもし、桜花桃子さんのお宅でしょうか。私は桃子さんと同期の桜野花子ですが、桃子さんはいらっしゃいますか？

受信者：（母は留守であることを伝える）

発信者：今度開かれる同窓会のことでお知らせしたいことがあってお電話しました。いらっしゃらないようですので、伝言をお願いします。

2020年10月18日にナゴヤ桜花ホテルで桜花学園大学と名古屋短期大学の同窓会が開かれます。費用は10,000円です。懐かしい先生方もたくさんご出席になりますので、ぜひご参加ください。参加の締め切りは8月31日ですので、それまでに幹事にご連絡ください。

連絡先は＊＊＊-＊＊＊-＊＊＊＊です。

それでは連絡をお待ちしています。

❷ホテルのレストラン受付に、同窓会の予約をする電話

発信者：今度10月10日に同窓会をそちらの会場で開きたいのですが、会場は開いているでしょうか。大体200人ほどの参加者を見込んでいて、会費は10,000円ほどの予定なのです。

受信者：（会場の空きがあることを伝える）

発信者：高齢者もいるのでできれば立食ではなく、いす席でしたいのです。

メニューはどうなっていますか？ コースメニューがあればそれにしたいのですが。

受信者：（3種類ほどのメニューについて説明する）

発信者：それではお料理は8,000円の彩コースにしましょう。

飲み物の種類や料金は？ フリードリンクの種類はどのようになっていますか？

受信者：（フリードリンクの内容について説明する）

発信者：それではフリードリンクにしてください。

それから税金、サービス料はどうなっていますか？

受信者：（消費税は外税で、10％のサービス料をいただいています。）

発信者：人数の確定はいつごろにしたらいいでしょう。当日の人数変更はできますか？

それではよろしくお願いします。

1-7　対話を工夫する

　「対話」と聞いて1対1の話し合いのみを思い浮かべてはいけない。「対話」とは文字通り人と人が向き合って話すことであり、話し手側、聞き手側ともに複数人数の場合がある。したがって、どのような形態の対話なのか、対話参加者の属性や話の内容を考慮しながら、よりよい対話を目指して工夫する必要がある。「伝える」ということは話し手が一方的に自分の感情や意見を押しつけるのではなく、聞き手の「理解」を得ることであり、聞き手はその理解に基づいた感情や意見を話し手に返していく。その繰り返しによって構築されるのが「対話」である。「対話」は生活の必需品であるとともに人間関係の潤滑油でもある。対話によって人間関係を悪化させるようなことがあってはならない。対話を終えたときには話し手・聞き手ともに充実感や後味の良さを感じられることが大切である。
　それでは、どのような工夫が考えられるのか。さまざまな要因を挙げ、具体策を検討する。

1　参加者の属性

> ❶生得的属性：年齢・性別・世代・人柄・血縁関係など
> ❷社会的属性：地位・階層・職業・生育地・居住地・学歴など
> ❸立場関係：師弟・労使・恩恵や利益の授受関係・臨時的役割関係（客と店員、質問者と回答者）など
> ❹親疎関係：身内と部外者・つきあいの度合い・肌の合う人と合わない人など
> ❺臨時的属性：喜怒哀楽の感情・精神的な余裕の有無など

　参加者にはこれらの属性が複数関係し合っている。お互いの立場をわきまえた上で、どれを最も重視すべきか、どの点に配慮すれば理解を得やすいのかを考慮し、対話が円満に進められるかを考える。

2　参加者の人数
①話し手1 対 聞き手1の場合
　お互いが相手の属性を把握しやすい形態である。お互いの立場をわきまえ、相手を尊重する気持ちで接する。

②複数人数（話し手1 対 聞き手多）の場合
　聞き手の属性が必ずしもそろっているわけではない。また、聞き手は固定されているわけではなく、交代で話し手側にもなる。参加者全員がお互いの属性を把握しておく必要がある。ちなみに話し手・聞き手が固定されてしまうと、それはもはや「対話」ではない（cf. 演説・講演など）。

3　対話の目的
①伝えたいこと、理解したいことが明確な場合
　次の対話の話題にも関わることであるが、目的の対象となる話題を選び、対話することで、お互いに理解を深めていくことができる。新たな見解を見いだし発展させたり、課題を解決したりすることも可能である。

②対話すること自体が目的の場合

　よりよい人間関係を構築するためには対話そのものを楽しむこともときには必要である。話題次第で、対話が盛り上がったり、逆に白けてしまったりもする。予定外のことに思わず参加者の人間性が露呈することも考えられるので、参加者の属性はしっかり把握しておかなくてはならない。ただの「おしゃべり」に終わらないよう気をつけて話し手・聞き手の役割を果たす。

4　対話の内容（話題）

　①参加者全員が興味をもっていることや、共通の話題を選ぶ。これが選べれば対話が円滑に進み、対話後の満足感を全員が得られるのは当然の帰結である。しかし、「理解」が既にあることから進展がそれほど望めないこともある。また、参加人数が多いと話題選びは難しくなる。

　②最初の話し手から発せられた話題を聞き手とのやりとりを通じて発展させていく。話し手に特に話題の用意がないような場合は司会者や進行役の人が参加者の属性に合わせた話題を提供する。聞き手が新たな認識を得て次に進み、お互いの理解が深まることが期待される。

【例】
同年代の他大学の学生同士の交流：「学生生活」「ゼミのあり方」など
地域のお年寄りと学生の交流：「昔の生活」「遊び」「食べ物」など

5　対話時の態度

　①聞き手は特別な場合を除いて話し手の話を遮らないようにし、話し手に敬意を払い、話の内容をよく理解する（特別な場合とは、例えば場の雰囲気が険悪化するのを回避する時などである）。

　②話し手は主張に力を入れすぎず、聞き手からさまざまな考え方を学ぼうとする気持ちをもつことも大切である。話のキャッチボールを続けることで、コミュニケーションの充実を図る。

【練習問題】
3～4人のグループで実際に対話してみよう。（5～10分程度）
※「図書館利用者を増やす方法」「話し合いを活発化する方法」などを話題にアイデアを出し合ってみよう。
※余力があれば自分たちで話題選びもしてみよう。
※対話をし終えたら、感想や工夫した点を書き出してみよう。

【参考文献】
加藤彰彦［他編］（1989）『日本語概説』おうふう
山根智恵・久木田恵（2011）『改訂新版 基礎から学ぶ日本語表現』大学教育出版

第2章　発表をしよう

　大学では、授業やゼミの中で口頭発表（プレゼンテーション）を課されることがある。その際、発表者は事前に資料などを整えて、発表に臨む必要がある。発表することが決まったら、計画を立てて早めに準備に取りかかろう。

　この章では、口頭発表の手順や発表に関わる資料の探し方、レジュメ・スライドの作成方法、発表当日の進行や質疑応答の方法、発表内容の評価方法について確認する。

　限られた時間内で資料を使いながら、正確かつ的確に情報や意見を聞き手に伝える口頭発表ができるようになろう。また、発表に関する質疑応答をしてみよう。

2-1　口頭発表をする

　口頭発表までの手順はおよそ以下の通りである。それぞれの内容について確認しよう。

> ❶発表内容の検討
> ❷資料の検索
> ❸レジュメ・スライドの構成立案と作成
> ❹発表
> ❺質疑応答

1　発表内容の検討

　自分の行う口頭発表の目的を確認し、発表内容を決めよう。発表内容を選定していくには、「ブレーンストーミング」という方法が有効である。

　ブレーンストーミングとは、テーマに沿って、思いつくままに、質より量を重視して、単文・単語の形でアイデアをメモする方法である。すべてのアイデアを出した後、優先順位を考え、消去したり、関係のあるものはまとめたりしながら、発表の題材を決定していく。

2　資料の検索

　発表の題材が決まったら、その題材に関連する資料を探し、どのような事実や意見があるか確認しよう。その中から「具体的な問い」を見つけるとよい。さらに、「具体的な問い」に対する答えを導くような資料も探してみよう。資料の検索方法などについては2-2で詳しく説明する。

3　レジュメ・スライドの構成立案と作成

　検索した資料などを元に、発表の題材（「具体的な問い」）について具体的に肉づけした上で構成を考える。基本的な形は次の通りである。

> ⅰ　導入部（序論）　　冒頭：発表の要旨や概要を簡潔に述べる
> ⅱ　主題（本論）　　　展開：具体的な話題、資料、エピソードなどで説明する
> ⅲ　結び（結論）　　　まとめ：話した内容の集約、自分の意見、展望などを示す

「起承転結」型は、上記の本論部分が序論部分を受けたものと、別の視点からの説明部分に分かれていくものである。ほかに、結論を先に述べて、その結論に至った説明を後で加えていく「結論先行」型などもある。

　構成を考えたら、レジュメやスライドを作成する。ただ話を聞くだけでなく、資料を目で追いながら発表を聴くことにより、聞き手の理解はさらに深まる。全体の流れをわかりやすく示し、目に見える論証材料となる図や表、グラフなどを効果的に取り入れてレジュメやスライドを作成しよう（詳しくは☞ 2-3・2-4）。

［補足］口頭発表時の資料

　レジュメやスライドを作成する場合には、どのような場で発表するか、聞き手は誰か、聞き手の手元にどのような資料があれば発表内容の理解を助けるかを考えよう。聞き手の立場を想像してみるとよい。

　スライド発表の際に配布する資料であれば、配布資料用としてスライドの内容を文章化し、適宜、発表の内容を補足したものを用意しよう。そうすれば、聞き手は発表内容を振り返ったり、確認したりしやすくなる。聞き手へのこのような気配りは大切である。

4　発　　表

　発表には、十分な準備をして臨みたい。同じ発表内容であっても、発表の仕方によって大きく印象が変わる。よい口頭発表とは次のようなものであろう。

【よい例】
・落ち着いている
・聞き取りやすい声で、ハキハキと話している
・表情や姿勢がよい
・いろいろな角度からの分析をしている
・わかりやすく有効な資料を使っている
・結論のまとめ方がよい

一方で、口頭発表がうまくいかない原因には次のようなことが考えられる。

【うまくいかない原因】
・本題に入るまでの前置きが長すぎて、最後の締めができなくなる
・内容の検討が不十分で、思いつきをしゃべったり、同じことを何度も繰り返したりして収拾がつかなくなる
・あがってしまい表情が硬くなり、また準備したものも活かせないままに終わってしまう

　いずれにせよ、最初から何もかもうまくいくというわけにはいかない。口頭発表は経験である。他人の発表を観察するのも勉強になる。どのような発表がわかりやすかったか、またわかりにくかったかを覚えておいて、自分の発表に活かしてみよう。また、発表の前には実際に時間を計って発表にかかる時間を確認しよう。十分に準備をした上で、失敗を恐れずに、何度もチャレンジしてみよう。

5　質疑応答

　他の人の発表をただ聞くのではなく、メモをとりながら聞こう。レジュメなどの資料が用意されていれば、そこに感じたことや疑問点を書き込んでいく。質疑応答の時間がある場合には、自分のメモ書きを基に積極的に質問・感想・意見を述べてみよう。詳しくは2-5で説明する。

2-2 資料を探す

1 なぜ資料が必要なのか

　発表の題材が決まったら、その題材に関連する資料を集めよう。題材によっては「頭の中だけの材料」を引き出すだけでは十分な論述ができない場合がある。そのような場合には、発表の題材と関わる資料をさまざまな方法・手段で集め、読み込み、分析する必要がある。

　まず発表準備のはじめの段階で、発表しようとする題材に関してどのようなことがわかっているのか、課題となっていることは何か、どのような意見があるのかなど、資料を通して大まかに確認しておこう。そこでは、題材についての事実と意見を把握することが大切である。そして、その中から「具体的な問い」を見つけ絞り込んでいくとよい。「具体的な問い」が決まったら、それに関連する先行研究や、問いに対する答えを導くための資料を検索してみよう。

2 資料検索の手段

　資料としてまず思いつくのは図書であろう。それ以外では、事典や辞書類、雑誌記事、新聞記事、学術論文、行政などの公的資料などが挙げられる。ここでは、それらの資料を検索するための方法について確認しよう。以下で紹介するものは、大学図書館のホームページからアクセス可能な場合が多い。

> ⓐ 参考図書（百科事典・辞典・白書など）を探す
> 　JapanKnowledge Lib（日外アソシエーツ社）
> ⓑ 所属する大学図書館所蔵の図書を探す
> 　オンライン蔵書目録 OPAC
> ⓒ さまざまな図書館の所蔵を探す
> 　Webcat Plus（国立情報学研究所）
> 　CiNii Books（国立情報学研究所）←全国の大学図書館の本を探す
> 　NDL-OPAC（国立国会図書館）
> 　国立国会図書館サーチ
> ⓓ 雑誌記事・論文を探す
> 　MAGAZINEPLUS（日外アソシエーツ社）
> 　CiNii Articles（国立情報学研究所）←日本の論文を探す
> 　Google Scholar
> ⓔ 新聞記事を探す
> 　聞蔵Ⅱビジュアル（朝日新聞社）
> 　中日新聞・東京新聞記事検索サービス
> ⓕ 公的機関のwebサイト
> 　内閣府
> 　総務省統計局　　　　など

　資料探しで困った場合には、図書館のレファレンスサービスなどに遠慮なく相談しよう。

3 資料検索の方法

　まず、題材に関するキーワードをいくつか挙げて、それらを検索してみよう。はじめに想定したキーワードで上手く検索が進まない場合には、キーワードを少し言い換えてみるとよい。あるいは、キーワードと関連する単語も併せて検索すると、関連する資料などに行き当たる場合がある。検索の際には、さまざまな視点からテーマについて迫る必要がある。

【練習問題】
次の❶〜❸について、資料を用いて調べてみよう。
❶ここ10年の訪日外国人旅行者数の推移（☞ p.32）。
❷ロボット技術（人工知能・AI）の進歩におけるメリットとデメリット（☞ p.33）。
❸選挙権年齢の引き下げに対する賛成意見と反対意見（☞ p.34）。

【参考文献】
佐藤　望［編著］／湯川　武・横山千晶・近藤明彦（2012）『アカデミック・スキルズ―大学生のための知的技法入門　第2版』慶應義塾大学出版会
古市みどり［編］上岡真紀子・保坂　睦（2014）『資料検索入門―レポート論文を書くために』慶應義塾大学出版会

練習問題①：ここ10年の訪日外国人旅行者数の推移
●参考資料名：
●資料添付
●資料分析

練習問題②:ロボット技術(人工知能・AI)の進歩におけるメリットとデメリット

●参考資料名

1.

2.

●資料分析

1.

2.

●メリットとデメリット

・メリット

・デメリット

練習問題③:選挙権年齢の引き下げに対する賛成意見と反対意見
●参考資料名   1.   2.
●資料分析   1.   2.
●賛成意見と反対意見   ・賛成意見   ・反対意見

2-3 レジュメ（発表資料）の作り方

　口頭発表をする際、ただ話すだけでは相手に十分理解してもらうことは難しい。そこで、手元に配布する資料〔レジュメ〕を準備する必要がある。レジュメには、以下の要素を盛り込むとよい。

①テーマ
発表の題目を表すもので、簡潔に内容を想起させるものである。また、副題をつけることも理解を助ける。
②発表者の所属並びに氏名
発表の責任所在を明記するもので、正確に記述しなければならない。
③目　　的
発表の目的を簡潔に記す。
④要　　旨
発表全体の主張を簡潔にまとめたもので、発表の内容、道筋などをあらかじめ聞き手にわかってもらった上で、本題に入っていくようにするためのものである。
⑤内　　容
各種の統計資料やグラフなどの客観的な資料を提示するなどして、発表の根拠を明示していくものである。その際、資料の出どころ・「出典」を明記して示しておくことが重要である。
⑥考　　察
客観的な資料などから、どのようなことがわかったのか、発表者の一番いいたいこと、伝えたいことを簡潔に表記しておくことをいう。
⑦まとめ
発表の全体を通して主張したいことを簡潔にまとめて記す。
⑧展　　望
調べてきた中でわかったことではあるが、今回触れることができなかったこと、今後調べていきたいことなどを述べる。
⑨参考文献
発表するにあたって参考にした文献、資料などを一覧の形で記す。詳しい典拠を記す必要がある。例えば著書については著者名、署名、出版社名、発行年月日の情報を盛り込む。ホームページを参照した場合には URL コードを記す。

テーマ　　　　　　　　　　所属・名前	資料3（調査結果など）
目的	
要旨	考察
資料1（表など）	
	まとめ
資料2（グラフなど）	展望
	参考文献

⑩資料の提示
レジュメを作るときには、グラフや表を使うことによって、視覚的にも内容的にも優れたレジュメにすることができる。

【練習問題1】
どのようなことが読み取れるか、考えてみよう。
次のグラフは「幸福感について」調査した結果をまとめたものである。
調査対象：全国の12〜18歳の男女（1994年4月2日から2000年4月1日生まれ）とその父親・母親。生徒・父母いずれも各1800人
調査時期：2012年夏（2012年8月24日〜9月2日）

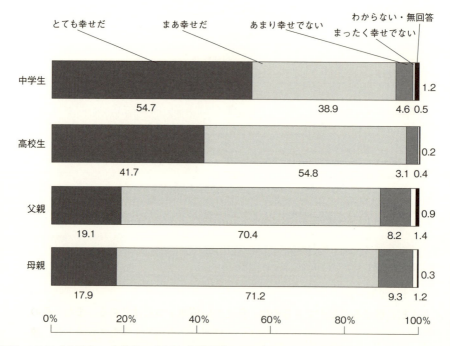

資料：NHK「中学生・高校生の生活と意識調査2012」2014年12月

【練習問題2】
グラフには次の3種類が主に使われる。それぞれについて、実際に使われている例を3例ずつ集め、どのような場合にそれぞれのグラフが使われているか考えよう。
❶棒グラフ
❷折れ線グラフ
❸円グラフ

2-4 スライドを作る

　プレゼンテーションを効果的に行う道具として、スライドが用いられる場合がよくある。ここでは、どのようなスライドが理想的なのか、そしてどのようにすればよいスライドを作ることができるのかを解説する。実際のプレゼンテーションのためには、スライドの他にも、発表者が読み上げる原稿や、聴衆に配布する資料などを別に用意した方がよい場合もある。それらを組み合わせて、聴衆にとってよりわかりやすい発表を目指すことが、スライド作りには大切である。

1　理想的なスライド

　発表者の伝えたいことを、見ただけで伝えてしまうスライドが、理想的なスライドである。多くの場合、スライドは口頭発表とともに用いられる。しかし、口頭発表を聞かなくとも、見ただけで発表者の主張が相手に伝わるようなスライドがよいスライドといえる。また、スライドの内容を理解するために、聴衆が努力しなければならないようなスライドはよいスライドとはいえない。実際の発表中に、1枚のスライドを聴衆が見るのは数秒である。聴衆に直感的に伝わるように工夫しなければならない。さらに、スライドを使う場合、会場を暗くすることが多いため、聴衆は手元の資料が見えづらく、配布資料などで情報を補うことは難しい。聴衆に伝わる発表をするために、スライドの枚数や順番、内容の量やデザインなど、さまざまな点に注意してスライドを作る必要がある。以下で、その方法についてみていこう。

2　スライドを作る技術1：スライドの内容
① 1スライド1メッセージ

　スライド1枚に載せることができるのは、伝えたい情報1つだけである。また、その内容も、できるだけ短く簡潔にまとまっている方がよい。情報を詰め込みすぎたスライドは、聴衆にとってわかりにくいだけでなく、発表者にとっても説明しにくいスライドになってしまう。「キーワードは何か」「余計な情報が入っていないか」「文字数をさらに短くすることはできないか」という点を常に意識して、スライドを作成してほしい。スライドの枚数を増やしたり、文章を体言止めにする、箇条書きで書く、論理の説明を図解するなどの工夫をすることも、簡潔なスライドを作るための有効な手段である。ただし、スライドが多すぎると、発表が落ち着かない印象になってしまう。発表時間に対して、1分1枚程度のスライドにまとめられるように、情報を整理しよう。

```
わかりやすいスライドとは
　1スライド1メッセージ
　注意点
　　・キーワードは何か
　　・余計な情報はないか
　　・文字数を短くできないか
　POINT
　　スライドの枚数を増やす・体言
　　止め・箇条書き・図解
　目安⇒1枚1分
```
×情報が多すぎて、わかりにくい

```
わかりやすいスライドとは

　1スライド1メッセージ

　⇒聴衆にわかりやすい
　⇒発表者が説明しやすい
```
○情報が厳選されており、わかりやすい

3　スライドを作る技術2：スライドのデザイン

①コントラスト

　スライドのもっとも伝えたい部分を、デザイン的に目立たせてみよう。例えば、文字の色を変えてみたり、図の中に丸などの書き印をつけたりする方法がある。そうすることで、聴衆の意識を、発表者の伝えたい内容に自然に向けさせることができ、わかりやすい発表が可能になる。

　ただし、文字色を変えたり、網掛けをする際には、画面に表示したり、紙に印刷した場合に、文字が明確に読めるのかについて確認しよう。例えば、白地に黄色の文字は読みにくく、黒文字にグレーの網掛けをすると、文字がつぶれてしまうこともある。

　　　　　コントラストを意識する
　　　　　　例）文字色を変更する
　　　　　　　　図に丸などの印をつける
　　　　　　　　↓
　　　　　　　　発表内容が聴衆に自然に伝わる

　×どの部分に注目するべきか、わかりにくい　　○重要な情報が目立っており、わかりやすい

②イラスト・図

　スライドの中に、イラストや図を載せることも、よく行われている有効な方法である。ただしこの場合も、イラストや図を漫然と載せてしまってはいけない。スライドにイラストや図を載せる意図を明確にし、それを聴衆に伝えることを常に意識してほしい。例えば、イラストをトリミングしたり、印をつけたりして、聴衆がどこを見ればよいか、明確に示すことが重要である。また、イラストや図を、一枚の中に使いすぎると、聴衆にとってわかりにくいスライドになる。「見た目がゴチャゴチャしていないか」ということを意識して、スッキリとしたデザインにしてほしい。

③フォント

　スライドに使用するのは、基本的にゴシック体である。ただし特に制限はなく、聴衆が見やすいものを選べばよい。例えば、目立たせたい部分だけ、フォントの種類を変えることもできる。注意しなければいけないのは、汎用性の高いフォントを使うことである。発表時に会場のPCを使わなければならない場合、そのPCに入っていないフォントでスライドが作ってあると、デザインが崩れてしまうことがある。それを防ぐためにも、標準的なフォントを使用するようにしたい。

　また、フォントの大きさの目安は40ポイントである。そしてスライドに載せる分量は、最大5行、理想的には3行以内に収めた方がよい。

4　スライド作成の準備

　以上を踏まえた上で、ではどのようにスライドの内容を決定していけばよいのか。わかりやすいスライドを作る上で、最も大切なのは、発表者のいいたいことが聴衆に伝わることである。

そのためにはまず、発表者自身が「何を伝えたいのか」ということを真剣に考え、明確にしておかないといけない。「この発表における主張は何か（一つに絞る）」→「その主張に説得力をもたせるために、どのような資料が必要か」→「どのような順番で述べると説明がわかりやすくなるか」という手順で、発表の構成を決定した上で、スライドを作り始めよう。その際には、初めからPCに向かうのではなく、まずは紙に書き出してみることをお勧めする。PCよりも手書きの方が自由度も高く、アイデアを生み出しやすい。また、周囲の人と話しながら作業を進めることも、考えを整理する上で役立つこともある。

【問題演習】
❶第3項「③フォント」の項目について、1スライド1メッセージになるように、数枚のスライドを作ってみよう。
❷❶について、コントラストを意識して、スライドを作ってみよう。
❸「1　理想的なスライド」の内容を図解してみよう。
❹これまでに作成したレジュメやレポートについてスライドを作成し、発表してみよう。

【参考文献】
宮野公樹（2009）『学生・研究者のための使える！PowerPoint スライドデザイン―伝わるプレゼン 1つの原理と3つの技術』化学同人

2-5 司会・進行・質疑応答

　発表には司会役や聴衆の質疑、それに対する応答がつきものである。それぞれの仕方のポイントとなる点について述べる。

1　司会・進行

①開会の宣言・挨拶をする
＊内輪の会などで議事進行役だけの場合は②③は不要。
②会の趣旨を述べる
＊①②を会の主催者が行う場合は始めることを述べた後、主催者を紹介する。
③必要に応じて参加者の紹介を行う
＊会の規模や内容による。
④議事進行の手順や式次第を説明する
＊発表時間・質疑応答時間・休憩時間なども説明する。
⑤時間配分に気をつけて発表・議事を進める
時間のずれが生じてしまったときは、臨機応変に対応して、当初の予定から大きく逸脱することがないようにする。 ＊発表の場合はタイムキーパー係がいる方がよい。
⑥質疑を募り、応答を求める
研究発表の場で質問が出にくいようであれば司会者が発表内容を要約・確認したり、問題点を指摘したりして聴衆からの意見が出やすい環境を作る。逆に議論が白熱した時は、時間に気をつけてまとめるようにする。
⑦閉会の宣言・挨拶をする
聴衆に参会のお礼と会の内容に対するまとめ・感想を述べて終わる。

2　質疑応答

　発表するだけでは一方通行で終わってしまう。質疑応答を通じて聴衆の側の理解が深まるだけではなく、発表者自身も新たな見方・考え方を得ることができる。

①質問者は、所属・氏名などを名乗った上で質問する
参会者全員が知り合いである場合を除き、たとえ質問者と発表者が知り合いであっても他の参会者のためにも名乗ることが必要である。
②質問内容は簡潔にまとめ、論点が明確になるようにする
一人で一度にいくつも質問して時間をとったり、まとめきれないまま質問して何を質問しているのかわからないようなことになったりしないよう気をつける。複数のことを質問する場合は何点質問するかをはじめに告げる。多くても３点以内にしておく。
③発表者には敬意を払い、高圧的な言動や、ぶしつけな質問をしないよう気をつける
④質問に対する応答には、お礼を述べる
⑤発表者は誠意をもって質問に答える
質問の意味するところをきちんと理解し、調べていないことやわからないことは知ったかぶりや憶測はせず、正直に述べる。
⑥時間の制約があることを考慮し、手短に的確に質問に答えることを心掛ける

第 2 章　発表をしよう　　41

発表者：

I　発　　表	
・声の大きさ	（5・4・3・2・1）
・速さ、間のとり方	（5・4・3・2・1）
・発音の明瞭さ、抑揚	（5・4・3・2・1）
・視線、姿勢、態度　わかりやすさ	（5・4・3・2・1）
II　資　　料	
・見出し、配列の工夫	（5・4・3・2・1）
・図表、グラフ、写真の活用	（5・4・3・2・1）
・情報量	（5・4・3・2・1）
・日本語能力	（5・4・3・2・1）
III　企画力、アピール度	（5・4・3・2・1）
IV　規定時間	（5・4・3・2・1）

_____
_____
_____
_____
_____
_____
_____
_____

採点者：

発表者：

Ⅰ　発　　表	
・声の大きさ	（5・4・3・2・1）
・速さ、間のとり方	（5・4・3・2・1）
・発音の明瞭さ、抑揚	（5・4・3・2・1）
・視線、姿勢、態度　わかりやすさ	（5・4・3・2・1）
Ⅱ　資　　料	
・見出し、配列の工夫	（5・4・3・2・1）
・図表、グラフ、写真の活用	（5・4・3・2・1）
・情報量	（5・4・3・2・1）
・日本語能力	（5・4・3・2・1）
Ⅲ　企画力、アピール度	（5・4・3・2・1）
Ⅳ　規定時間	（5・4・3・2・1）

_____
_____
_____
_____
_____
_____
_____
_____
_____

採点者：

2-6 評価をしよう

　発表は人々の関心を引きつけ、心を捉えるものでなければならない。発表者は目的を達成できたという満足感、聴者は聴いてよかったという充実感が残るものでなければならないだろう。

　発表後、自己評価、他者からの評価をもつことで飛躍的な上達に結びつく。他人を評価することは、逆に自分が評価されることである。口頭での評価、評価票での評価をして、自分、または他者の発表を振り返り、今後に生かしていこう。

1　評価の目的

　プレゼンテーションの技術はもちろん、自分の考えを伝え、納得させることのできるプレゼンテーション力を身につけるために、発表者、聴者ともに評価をするのである。

　発表では、発表者が調査内容などを基に構築した自分の考えを聴者に伝え、最後に質疑応答がなされるといった流れで行われることが多い。聴者だけでなく、最後におこなわれる質疑応答により、発表者も考えをさらに深めることができる。

2　評価の視点

　発表は、技術と内容の両方から評価する必要がある。

3　評価の基準項目

　次に、技術と内容における評価の基準項目を挙げる。

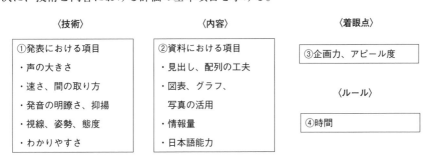

　チェック項目について、5段階評価、あるいは3段階評価をする。

4　評価のポイント

　評価するポイントは、プレゼンテーションであるのか、スピーチであるのかといったように、どのような目的でおこなわれるのかによっても異なってくる。目的に合わせ、評価するポイントを明確にした上で、口頭、評価票で、発表者に伝えよう。

①口頭での評価

　最初に改良した方がよい点について話す。このとき、具体的にどのように直すとよいのかを説明する。続いてよかった点を挙げる。

②評価票での評価

　自分の意思が参加者に的確に伝わるように発表するために、注意しなくてはならないポイントがいくつかある。これらのポイントを意識して発表することで、第2章の「2-1　口頭発表

をする」の「4 発表」にある「口頭発表のよい例」のような発表をすることができる。つまりこれらのポイントが押さえられているかどうかで、発表の出来不出来が決まる。ここでは参加者側の立場で、基準をみていくことにする。

【評価のポイント】

	項　目	基　準	発表者における注意点
発　　　表	声の大きさ	適切な声の大きさだったか。	声が聞こえない発表はつまらない。
	速さ、間のとり方	1分間に300字から350字程度を話す速さであったか。 聴衆に語りかけるように話していたか。	速すぎると聴きとることができない。緊張すると速くなってしまうことがある。
	発音の明瞭さ、抑揚	発音は明瞭であったか。 声に抑揚（声の高さ）がついているか。 原稿の棒読みではなかったか。	ワントーン上げて話すと明るく聞こえ、低いトーンで話すと落ち着いて聞こえる。
	視線、姿勢、態度 わかりやすさ	聴衆の反応を見ながら話していたか。 よい姿勢で話していたか。 明るい表情であったか。 身振り、手ぶりなどをして、わかりやすく説明していたか。	体を揺らしていたりすると、聴いている側も落ち着かない。 原稿の見すぎで、顔が隠れていたり、下ばかり見ていたりすると、声がこもり、相手に届かない。
資　　　料	見出し、配列の工夫	文字・図表は明瞭で見やすかったか。	読みにくい色づかいや、図を背景にすると文字が見づらくなってしまう。 空白を工夫すると見やすくなる。
	図表、グラフ、写真の活用	わかりやすく、有効な資料を使っているか。	解像度の低すぎるもの、縦横比を保持していない画像を使わないようにする。
	情報量	意図した情報・強調すべき点を過不足なく入れることができたか。	情報を詰め込みすぎないようにする。
	日本語能力	論理的で、筋が通っていたか。 結論のまとめ方はよかったか。	伝えたいことが伝わる資料作りを心掛ける。
着眼点	企画力、アピール度	独創性があるか。 いろいろな角度から分析しているか。	
ルール	時　　間	規定の時間が守れたか。	

【評価票の例】
41・42ページに、評価票の一例を載せた。前述の【評価のポイント】を参考にして、実際に授業での発表を評価してみよう。その際、改善点などもメモをしておくとよい。

【練習問題】
❶評価票のチェック項目を参考にして、実際に発表を行った人を評価してみよう。
　発表者に口頭で伝えることを前提に、直した方がよい点と、よかった点を、理由も挙げて伝えよう。
❷プレゼンテーション（口頭発表）において留意すべきことを正しく述べているものに○、誤りであるものに×をつけなさい。
　　ａプレゼンテーションは一方的なものであり自己主張の場である。……………（　）
　　ｂプレゼンテーションはコミュニケーションである。……………………………（　）
　　ｃプレゼンテーションでは、自信のない部分は小声でさっと済ませる方が良い。…（　）
　　ｄパワーポイントやレジュメは、詳しければ詳しいほどよい。…………………（　）
　　ｅ発表時間が長ければ長いほど準備には時間がかかる。…………………………（　）

【参考文献】
大島弥生・大場理恵子・岩田夏穂（2009）『大学の授業をデザインする　日本語表現能力を育む授業のアイデア』ひつじ書房
佐藤　望［編著］／湯川　武・横山千晶・近藤明彦（2012）『アカデミック・スキルズ―大学生のための知的技法入門　第2版』慶應義塾大学出版会

第3章　書いてみよう

　自分の伝えたいことが読み手に伝わるような文章は、どのように書けばよいだろうか。
　本章では、自分の主張を、説得力をもたせて相手に伝えるための文章の構成方法、文体、話しことばと書きことばの区別などの文章表現の基本、引用のルールについて学ぼう。

3-1　文章構成を工夫する

1　文の要素〈5W1H〉

　5W1Hとは、When（いつ）・Where（どこで）・Who（誰が）・What（何を）・Why（なぜ）・How（どのように）の頭文字をとったもので、これらすべての要素を文章に入れることが基本である。文章を書く際には、この基本を意識しよう。

2　文章作成の手順

　文章を書く手順は文章の種類などによってさまざまであるが、おおよそ次のように書き進めるとよい。

①主題を選んで絞る

　まず、何について書くか、書こうとしている中心的な事柄を決めよう。書きたいことがたくさん見つかったら、書く目的や読み手、期日などに応じて主題を選定しよう。主題が大きすぎる場合は、主題の中の一部の問題に絞るとよい。

> 【主題の検討例】
> ・関心が強く、自分が心から書きたいと思うもの
> ・よく知っており、さらに詳しく知る見込みがあるもの
> ・書く価値があると判断され、また誰もがそうであると認めるもの
> ・読み手にも関心があるもの
> ・書く目的に合っているもの
> ・与えられた日数・ページ数の範囲でまとめられるもの

　主題を選ぶことができたら、これから書こうとする内容について簡潔に書き表してみよう（主題文や目標規定文などといわれることがある）。そうすることによって、何を書こうとしているのかがはっきりとし、主題から内容が逸れることが少なくなる。

②材料（資料）を集め、選ぶ

　材料とは、主題を支え、肉づけし、主題の理解を助けるものである。

> 【材料の集め方】
> ・これまでに見聞きしたことや体験の中から拾う
> ・周りの人から聞く
> ・新聞や雑誌などを調査する

- 辞典や辞書、専門書などの図書資料を利用する
- テレビ番組やラジオ番組などを調査する

　材料が集まったら、その中から使用するに値する材料を選ぼう。その際には、資料の出どころが明らかで問題のないものであるか、主題を説明したり論証したりするのに有益であるかなどについて検討しよう。

③構成を考え、アウトラインを作る
　文章の構成形式はさまざまである。本節では基本的な構成形式である三段構成法について、第4項で取り上げて説明する。

④下書きをする
　文章の構成を考えたら、下書きをしよう。

⑤推敲し、清書する
　下書きをしたら、必ず推敲しよう。推敲のポイントはおおよそ次のようなものである。

【推敲のポイント】
- 文末の統一
  文末に《です・ます体》と《だ・である体》が混じっていないか。
- 誤字や脱字の訂正
  漢字などの書き誤りはないか。国語辞典や漢和辞典をひいて確認する。
- 話し言葉を書き言葉に
  話し言葉をそのまま書いていないか。
- 長い文を切る
  一文が60字以上の長文になっていないか。原則として、一つの文には一つの言いたいことを書くようにするとよい。
- 文のねじれを訂正
  主語部分と述語部分がうまく対応しているか。一文をできるだけ短くすることで、文のねじれは起きにくくなる。

3　文・段落の接続関係

　文章を構成するときには、文と文、段落と段落を適切な表現を用いてつなぐことが大切である。文や段落をつないでいくには、①前文・前段落の語句の繰り返し、②指示語の使用、③接続表現の使用がある。ここでは、接続表現の基本的な使い分けについて確認しよう。
　接続表現には、話しことば的なものと書きことば的なものがあるので、文体に応じて使い分けよう。なお、以下の「前文」「後文」はそれぞれ「前段落」「後段落」とすることができる。

【接続の種類】

- **順接**：前文（前段落）の内容を受けて後文（後段落）が展開する
  したがって・よって・そして・それで
  （例）私は頑張って勉強した。そして、大学に入学できた。

- **逆接**：前文の内容と反する内容を後文で展開する
  しかし・しかしながら・ところが・けれども・ただし・しかるに
  （例）私は大学に入学した。しかし、勉強せずに遊んでばかりいる。

- **前提**：前文の内容が後文に必要で、前文が存在することで後文が成立する
  そこで、すると
  （例）私は大学に入学した。すると、生活が一変した。

- **並列・累加**：前文の内容に後文が別の内容を加える
  また・その上・さらに・加えて・なお・しかも・および
  （例）私は大学に入学した。その上、新たな習い事にも挑戦することにした。

- **対比**：前文と後文の内容を、比べたり選択させたりする
  あるいは・それとも・または・もしくは
  （例）学資は親に頼ることになるだろう。あるいは、奨学金とアルバイトで何とかなるかもしれない。

- **換言**：前文の内容が後文において同内容に言い換えられている
  つまり・要するに・すなわち・例えば
  （例）私は大学に入学した。つまり、大学生になったのだ。

- **解説**：前文の内容に対して後文で補足説明する
  というのは・なぜなら・ただし
  （例）私は語学留学するつもりだ。なぜなら、将来は通訳の仕事に就きたいからだ。

- **転換**：前文で話題が一旦終わり、後文から別の話題へ転じる
  さて・ところで・では・とにかく・ともかく
  （例）今日は一日中勉強して疲れてしまった。さて、今晩は何を食べようか。

4　三段構成法

　文章構成の方法はさまざまあるが、小論文やレポートなどの論理性が求められる文章の場合には、〈序論・本論・結論〉で構成する三段構成法が書きやすい。

①**序論**：問題や論の方向性を示す
- 本論で取り上げる問題（話題）の提示
- その問題を取り上げた理由
- 書き手自身がその問題に対して行った調査・研究の方法
- どのような結論に至ったかの予告

②**本論**：問題や結論についての根拠やその分析を示す
- 調査や研究によって明らかになった事実・結果、それらに対する考察

③**結論**：立場・主張を明確に示す
- 本論で明らかにした調査結果や研究結果のまとめ
- 上記のまとめに対する自分自身の立場や主張
- 今後の課題・展望

　このように、文章を三つの部分で構成する方法が三段構成法である。文章構成の方法としては〈起・承・転・結〉の四段構成法がよく知られているが、論理的に書くような文章の場合には三段構成法が書きやすい。まずはこの三段構成の方法をマスターしよう。

5　構成のバリエーション

上記の構成以外にも、文章構成の方法にはさまざまなバリエーションがある。

---
①主題の位置
- 頭括式：結論を示した後、根拠や裏づけを示す……………………小論文や新聞記事など
- 尾括式：根拠や裏づけを示した後、結論を示す……………………小説など
- 双括式：最初と最後の両方で結論を示す……………………………レポートなど

---
②説明の順序
- 時間の順序………………………………現在から過去へさかのぼる、またその逆など
- 空間の順序………………………………遠くから近くへ、右から左へなど
- 原因（結果）から結果（原因）への順序
- 一般（特殊）から特殊（一般）への順序
- 全体（部分）から部分（全体）への順序
- 既知（未知）から未知（既知）への順序
- 問題解決の順序…………………………問題点を指摘（列挙）し、次に解決策を述べる

文章を書くときには上記の点などを踏まえた上で、どのような文章構成にすればよいかを決めよう。また一方で、文章を読むときにはその文章がどのような構成になっているか、書き手はどのような意図をもって文章を書いているかを考察してみよう。

【練習問題1】
次の文に、第3項で確認した8種類の接続表現を用いて、それぞれに続く文を考えてみよう。

○昨日、街で小学校時代の同級生を久しぶりに見かけた。

・順　　接
(　　　　　　　)

・逆　　接
(　　　　　　　)

・前　　提
(　　　　　　　)

・並列・累加
(　　　　　　　)

・対　　比
(　　　　　　　)

・換　　言
(　　　　　　　)

・解　説
（　　　　　　　）

・転　換
（　　　　　　　）

【練習問題 2】
SNS（ソーシャル・ネットワーキング・サービス）（＊）を利用することで、人間関係は深まるか。あなたの意見を三段構成で述べよう。

＊ SNS：個人間のコミュニケーションを促進し、社会的なネットワークの構築を支援する、インターネットを利用したサービスのこと。趣味、職業、居住地域などを同じくする個人同士のコミュニティを容易に構築できる場を提供している。ソーシャルネットワーキングサービス。ソーシャルネットワーキングサイト。ソーシャルネットワークサービス。（小学館『デジタル大辞泉』閲覧日：2017 年 4 月 1 日）

（三段構成）
序　　論：問いに対するあなたの考えを述べる
本　　論：あなたがそのように考える根拠を具体的に述べる
結　　論：本論で述べたことを受けて、改めてあなたの考えを述べる

【参考文献】
安部朋世・福嶋健伸・橋本　修［編著］（2010）『大学生のための日本語表現トレーニング　ドリル編』三省堂
木下是雄（1994）『レポートの組み立て方』筑摩書房
佐藤　望［編著］湯川　武・横山千晶・近藤明彦（2012）『アカデミック・スキルズ―大学生のための知的技法入門　第 2 版』慶應義塾大学出版会
平野宣紀［編］（1972）『国語表現法』笠間書院
NHK 高校講座「国語表現」

3-2 三段構成で書く

レポートや論文は学術的文章である。そのため、守らなくてはいけないルールがある。

この節では、レポートや論文の基本的なルール、表現の特徴、また、構成要素、基本構造について学ぶ。課題に出される機会の多いレポートの書き方を身につけよう。

1 レポート・論文で注意する点

レポートや論文を書く時のルールを以下で取り上げる。

①常体で書く

常体（である体）と敬体（です・ます体）とを混同してはならない。レポートや論文などの学術的な文章は、敬体の「です・ます体」ではなく、「である体」で書く。文末に動詞がくるとき、例えば「～だと考えます」の場合は、「～だと考える」というように、動詞を言い切る形にする（☞【例】※1）。

論文は、「研究の業績や結果を書き記した文」である。書き手と読み手の人間関係によって、文章の書き方、内容が変化するものではない。したがって、中立体である「である体」が望ましい。「だ体」よりも「である体」の方が硬く改まった文体である。

次の文末表現には注意が必要である。助詞の「の」を介した「～のだ」「～のである」は、判断を強調する気持ちを込めた言い方である（☞【例】※2）。ほかにも、「～について述べたい」の「たい」は、「たい」の前に来る動詞（この場合は述べる）の動作の実現を希望する意を表す（☞【例】※3）。「～のだ／～のである」「～たい」には主観が入り、客観的な視点で書かれるレポートや論文などでは不適切な表現である。したがって、レポートや論文では使わないようにする。

【例】
× ～だと考えます。（※1）
× 明らかなのだ。（※2）
× ～について述べたい。（※3）
× これが原因です。
× 結果は明らかです。
× ～ばいけません。

②体言止めは使わない

名詞・代名詞・数詞で文を終わらない。

【例】
× 国立西洋美術館は、国内の世界遺産として20件目となり、東京都内では初めての世界文化遺産。
× 世論調査で「気にならない」と答えたのは、78%。

2 言い換え

①名詞化

動詞を名詞に直すことで、簡潔に書くことができる。名詞化は、レポートや論文でもよく使われる。

> 【例文】
> 「パリ協定」を取り決めたことで、温室効果ガスを減らすことに国・地域が加わり、石炭や石油などの化石燃料に頼らない社会を目指すことになる。

例文の動詞を名詞化すると

> 「パリ協定」の採択により、温室効果ガス削減に国・地域が参加し、石炭や石油などの化石燃料に依存しない社会を目指すことになる。

②オノマトペ（擬声語・擬態語）

オノマトペ（擬声語・擬態語）は、感覚的に描写する表現であるため、客観的に伝えることを目的とする論文での使用は控えたほうがよい。

> 【例】
> 論がぐちゃぐちゃになる。　➡　論が煩雑になる。
> 当確ぎりぎりの投票数で現職が当選したことがわかる。
> ➡　辛うじて当選確実となる投票数で現職が当選したことがわかる。

③和語と漢語

和語は口語的な表現、日常会話で使う表現として、漢語は文章的な表現として使われる傾向がある。

> 【例文】
> ここ数年の間で日本に　住んでいる人の数　は　とても　減った。
> ここ数年の間で日本の　人口　　　　　　　は　非常に　減少した。

和語は軟らかい印象を、漢語は硬い印象を与える。また、漢語は、日常的なテーマの文章と専門的な内容の文章とでは使うことばが異なる。

> 【例】
> このごろ（和語）　➡　最近　（日常的なテーマの文章）
> 　　　　　　　　　➡　近年　（専門的な内容の文章）

ただし、和語もレポートや論文で使われる。

> 【例文】
> 内容を述べる。
> 心理学を学ぶ。
> すべての学生が対象である。

④外来語（カタカナ語）

「ピアノ」や、「リサイクル」などのように、日常的に使われている従来の語に加え、専門分野では、外来語がそのまま借用されているため、生活の中に外来語は溢れている。例えば、コンピューターの分野では英語が、服飾、美容、料理といった分野では、それ以外にも多くの国の語が借用され、カタカナで表記されている。頻繁に使われていたり、馴染んでいたりする語に関しては言い直す必要はない。ひらがなばかりや、漢字ひらがな交じりの文ばかりよりも、外来語（カタカナ）を入れて書くと読みやすくなる。しかし、必要以上に外来語を使用すると、読みづらくなったり、書いてある内容がわかりにくくなったりするため、過度の使用は避ける。新聞の表記を目安にするとよい。

> 【例】
> エンジョイする ➡ 楽しむ
> シナジー効果 ➡ 相乗効果

⑤略　語

略語は話しことば的であり、学術論文にはふさわしくないため、使わない。

> 【例】
> バイト ➡ アルバイト
> スマホ ➡ スマートフォン
> 部　活 ➡ 部活動
> バスケ ➡ バスケットボール

ただし、論文などでは、英単語の頭文字を取った略語を使用することもある。その場合読み手の誤解を避けるために、初出時に、原語や日本語訳を書き添えるようにする。

> 【例】
> UD ➡ UD（ユニバーサルデザイン）が普及することで……。
> ODA ➡ ODA（政府開発援助）を積極的に推進するという目的で……。
> AF ➡ AF（オートフォーカス）機能により、……。

3　レポート・論文を書く

レポートは、報告という意味であるが、論文の簡易版という意味で用いられることもある。レポートには、「説明型」「報告型」「実証型」「論証型」の4つの型があり、その課題内容によって、要求されるものが異なる。「説明型」「報告型」「実証型」では、テーマは与えられる場合が多く、調べた結果や研究結果をまとめる。それについての自分の考察や判断をも加えたもの

を求められる場合が多い。「論証型」の論文では、テーマに基づいた論点に対し、客観的な証拠を示し、考察した結果について主張しなくてはならない。説得力のある証拠をあげ、論理的に論を展開させることが求められる。

①レポートの型
　大学では次のようなレポートを課されることが多い。

　レポートは大きく分けて、「事実を述べる」のものと、「意見を述べる」のものとに分けることができる。

説明型	授業やテキストの内容を理解したかどうかを説明する。「ブックレポート」や「調べ学習レポート」も含まれる。
報告型	実習での成果を報告する。教育実習報告やフィールドスタディの成果報告などがある。
実証型	与えられたテーマについて、実験や調査をおこない、その結果に基づいて実証する。
論証型	与えられたテーマについて論証する。客観的な証拠、根拠に基づき、自分の主張を論理的に書く。【論文も同じ】

　しかし、報告型のレポートにも、調査などをし、その結果を、①筆者の主張を入れずにまとめたものと、②筆者の主張を入れてまとめたものとがある。どちらも、事実や資料（以下データとする）をもとにして報告する文書である。
　一方、論証型のレポートは、独自の視点で捉え、データや先行文献を収集し、新たな知見を加えた筆者の主張をまとめた文書である。
　「意見を述べる」レポートは、思ったことや感じたことを書くのではなく、データや先行研究を明確に示し、これらの客観的事実に基づいて筆者の意見を述べる。つまり、客観的なデータが筆者の主張の根拠となり、筆者の主張を支えているのである。
　「先行研究」とは、そのテーマについてこれまでに論文や書物によって発表されている研究成果のことである。レポートや論文で「先行研究」を示すのは、これまでの研究成果として明らかになっていることを、読み手に伝えるためである。
　また、感想文と違い、レポートは検証されるものでもある。レポートでは、アンケートなどの調査の仕方や実験の方法などデータの収集方法が明示されるため、読み手がデータや記述内容について改めて調べることができる。よって、筆者の主張が正しいかどうかなどの検証が可能となる。
　授業担当者から与えられた課題の出題意図を確認した上で、課題に合わせたレポートを作成しよう。

②題名（タイトル）と参考文献
　三段構成法でレポートを作成したら、冒頭に題名（タイトル）を、文末に「参考文献」をつける。

　(1)：題名の役割
　題名（タイトル）は、その文書が何を論じたものかを簡潔に表したものであるため、読み手はまず、レポートや論文の題名を見る。一読して内容の分かるものにしなくてはならない。

【例】
フロン類等対策の現状と課題

また、題名は、内容の正確な要約であるため、非常に長い場合がある。

【例】
アクティブラーニングを取り入れた文章作成指導で学生の文章作成力を伸ばすには

長すぎる場合は、メインタイトルとサブタイトルに分けるとわかりやすくなる。

【例】
文章作成指導で学生の文章作成力を伸ばすための方法分析 ……………（メインタイトル）
―アクティブラーニングを取り入れて― ……………………………………（サブタイトル）

(2)：題名をつける時の留意点

❶主題・目的・対象・方法に関するキーワード・中心文のキーワードを含める。
❷メインタイトルとサブタイトルで、内容を補い合うようにする。同じ語句を繰り返さない。
❸適切な語を使い分ける。

【例】
～における
～に関する
～による　　　など

(3) 参考文献の書き方
「3-4　引用をする」を参照のこと。

③体裁の順守

レポートは、公式文書であるため、手書きであれば、原則、インク書きである。
また、課題として課される時に、どの程度書くのかといった分量や、表紙の有無、書式などが指定されることが多い。必ず指示に従おう。

2000字程度 ……………… プラス・マイナス10％の範囲内で書く：1800字から2200字
1000字以内 …………… 指定されていなくても80％を超える量で書く：801字から1000字
400字詰め原稿用紙5枚 …………………………………… 原稿用紙5枚目の半分以上書く

④事実と意見の書き分け

「①レポートの型」の項で、事実や資料、先行文献がレポートには必要であるということを述べた。事実に関する記述・資料・先行文献は、「事実」であり、筆者の主張の根拠・理由となるものである。事実の記述においては、情報の正確さが求められる。
それに対し、筆者の主張は「意見」である。論文では、「事実」と「意見」を区別して書かな

くてはならない。レポートでは、実験結果だけでなく、論文や書物などからの引用部分を定まった形で示すことも、「事実」について記述したことになる。引用については3-4に詳しく書かれているので、参照してもらいたい。

それでは、次の文が「事実」であるのか、「意見」であるのか、考えてみよう。

> A　オーストラリアの首都は、キャンベラである。
> B　パイナップルは、果物の中で最もおいしいと思う。
> C　「ライオンは百獣の王だ」と、＊＊百科事典に書かれていた。
> D　なぜ温室効果ガスが問題なのか。（レポートにおける問題提起）

　Aは、公的に認知された事柄について書かれたものであるため、「事実」である。
　Bは、果物の中でパイナップルを「最もおいしい」と万人が思うとは限らず、好みによってリンゴやバナナだと思う人もいる。したがって、「意見」である。ただし、万人に納得してもらえるようなデータや証拠をあげれば、それは「事実」を書いたことになる。
　Cは、書物に書かれていることである。実際にその百科事典の該当ページを見れば、「ライオンは百獣の王」と記されているため、書かれていること自体は「事実」であることがわかる。このように文献の記述の一部を自分の論の中に組み込むのが「引用」である。「事実」と「意見」を使い分けるためにも、引用は大切であり、その仕方を身につけておく必要がある。
　Dはレポートの問題提起の一文である。問題提起とは、問題点を挙げること、あるいは疑問を投げかけることである。レポートの筆者が、レポート内で議論する上で問題だと感じていたり、疑問に思っていたりすることを、解決するために投げかけている文であるため、「意見」である。

> 【練習問題】
> 次の文は、「事実」を述べているのか、「意見」を述べているのか、分類しよう。
>
> ❶愛知県の県庁所在地は名古屋市である。
> ❷近所の＊＊スーパーでは、卵10個を238円で売っている。
> ❸韓国語は、日本語よりも難しい。
> ❹大江健三郎の『飼育』は読んでおくべきだ。
> ❺先生から勧められて読んだ本は、とても感動する内容だった。
> ❻日本人は、真面目で、とても勤勉である。
> ❼日本の選挙制度はこのままでよいだろうか。

⑤レポートの表現の定型例

　事実を述べる文と意見を述べる文には異なる種類の文が使われる。レポート・論文の構成のどの部分で、どちらの文が使われるのかをまとめたのが、次の頁の表である。様々な表現があるが、定型例として一部を取り上げた。内容によって、使い分けるようにする。

構成	内容	文の種類	定型例（一部である）
序論	研究テーマの説明	事実を述べる文	〜は〜である。／〜に〜がある。　など
序論	問題の指摘	事実を述べる文	〜が問題になっている。　など
序論	論点の指示	意見を述べる文	〜のはなぜだろうか。／〜たのだろうか。　など
本論	研究方法の説明	事実を述べる文	〜を用いて〜した。／〜を対象に〜をおこなった。　など
本論	選択	意見を述べる文	〜を取り上げ、考察をおこなう。　など
本論	データ提示	事実を述べる文	〜が多い（少ない）。／〜が著しい。／〜が鈍化している。　など
本論	意見提示	意見を述べる文	〜と考えられる。／〜がうかがえる。　など
本論	結論提示	意見を述べる文	〜ことがわかる。／〜が明らかになった。　など
結論	研究行動の確認	意見を述べる文	〜によって（〜ということがわかった）。
結論	結論の提示	意見を述べる文	〜の可能性が示唆される。／〜ということがわかった。　など
結論	今後の課題の指摘	意見を述べる文	〜については今後の課題としたい。　など

⑥論証型レポートのフォーマットの一例（☞次頁参照）

【練習問題】
文章やレポートを書いた後、不備な点がないか見直そう。
テキスト「3-1　2文章作成の手順　⑤推敲し、清書する」やテキスト「3-2　3レポート・論文を書く②題名（タイトル）と参考文献（2）：題名をつける時の留意点」に挙げられている項目をチェックしよう。

【参考文献】
家田愛子（2005）『18歳からの教養ゼミナール』北樹出版
石黒　圭（2012）『この1冊できちんと書ける！論文・レポートの基本』日本実業出版社
井下千以子（2014）『思考を鍛えるレポート・論文作成法　第2版』慶應義塾大学出版会
鎌田美千子・仁科浩美（2014）『アカデミック・ライティングのためのパラフレーズ演習』スリーエーネットワーク
河野哲也（2002）『レポート・論文の書き方入門　第3版』慶応義塾大学出版会
世界思想社編集部（2013）『大学生　学びのハンドブック　3訂版』世界思想社
中山秀樹（2010）『ほんとうは大学生のために書いた日本語表現練習帳』すばる舎
二通信子他（2003）『留学生のための論理的な文章の書き方』スリーエーネットワーク
二通信子他（2009）『留学生と日本人学生のためのレポート―論文表現ハンドブック』東京大学出版会
ノートルダム清心女子大学　人間生活学科編（2011）『大学生のための研究ハンドブック』大学教育出版
浜田麻里他（1997）『大学生と留学生のための論文ワークブック』くろしお出版
藤田哲也（2006）『大学基礎講座―充実した大学生活をおくるために　改増版』北大路書房
松本　茂・河野哲也（2015）『大学生のための読む　書く　プレゼン　ディベートの方法』玉川大学出版部

題　名
―副　題―

○○学部　○年
学籍番号　＊＊＊＊＊＊＊＊＊　　氏名　＊＊＊＊＊

1. はじめに
　_____については、さまざまな意見がある。
　苗字A（発行年）によれば、_____が明らかになっている。一方苗字B（発行年）は、_____と述べ、_____を指摘している。
　このレポートでは、_____に着目して_____となる原因を明らかにするとともに_____。

2. ○○○○○○
　苗字C（発行年）によれば、「直接引用」と述べている。また、苗字D（発行年）は次のように指摘している。

> 直接引用

筆者は_____と考える。理由は_____だからである。

3. ○○○○○
　一方、○年○月○日付けの○○新聞には　間接引用　とあり改善策として、_____が試みられ、功を奏している。○年○月○日付けの○○新聞には　間接引用　とあり_____の方法についても触れられている。だが_____という面もある。

4. ○○○○○
　以上からいえることは、_____ということである。_____についても考えられる。
　筆者は_____について_____と考える。理由は_____だからである。
　こうした様々な問題を考慮すると、_____の必要もあり、_____も考えられる。この点については苗字Eも_____を指摘している。また苗字F（発行年）も_____と述べている。しかし、_____については十分に考慮されていない。_____については_____である。

5. おわりに
　近年_____が問題となっている。
　このレポートでは、_____を取り上げ、_____について検討した。その結果、_____が明らかになった。以上のことから、_____と考えられる。
　しかし、_____については明らかにできなかった。
　今後の課題は、_____であり、_____との関係も含め、詳しく調べていきたい。

引用文献
著者名（発行年）「記事・論文名」『雑誌名』巻号
編著者名（発行年）『書名』出版社
新聞名（発行年）発行年月　朝夕刊の別　「記事名」
ホームページ名　「記事タイトル」管理者名〈URL〉閲覧年月日

3-3 書きことばで書く

誰から誰への表現なのか、どのような場面で使われるのかによって、話しことばと書きことばを使い分ける必要がある。特に、レポートや論文などの学術的な文章には、書きことばがふさわしい。ここでは、話しことばと書きことばの機能を確かめ、学術的な文章を書くことができるような書きことばの知識を身につける。

1　話しことば

話しことばで書かれた文章とは、例えば以下のようなものである。

> えっとー、今日の授業で話しことばとか書きことばとかやったんだけど、知ってること少なくて、よくわかんなかった〜。今度からは、おうちでチョット勉強してから、授業受けた方がいいんかなって思った。ガンバル！

話しことばは、日常に使われる和語や略語、カタカナが多く、親しい間柄の特定の個人に向けた文章に適している。個人的な内容や、感情的、創造的な内容を書く場合に使用されることが多い。例えば、親しい友人とのメールや、個人的な日記、詩や小説などにも使用される。

2　書きことば

上の例を、書きことばで書くと、以下のようになる。

> 今回の授業では、話しことばと書きことばについて学んだ。しかし、授業の前提となる知識が不足していたため、理解に時間がかかった。次回からは、予習をしてから授業に臨む必要があると感じた。努力したい。

書きことばで書かれた文章は、専門用語や漢語が多く、複雑な内容を書くのに適している。また、話しことばよりも洗練された印象になりやすい。そして、「私」らしさを消し、事実を客観的に述べることにも適している。そのため、形式が重視されるビジネス文書や、正確さが求められる新聞記事、理論的な文章であるレポートや学術論文は、書きことばで書かれる。

3　敬語の取り扱い

学術的な文章では、中立的な立場で論を組み立てることが求められる。そのため、原則として尊敬語や謙譲語は使用しない。権威や上下関係が生まれるからである。

> ×　●●先生は、「□□は■■である」と仰っている。
> ○　●●は、「□□は■■である」と述べている。

ただし、講演のレポートをまとめる際など、特に指示があった場合には、敬語を使ってもよい。

【実例】話しことばと書きことばの比較

●話しことばが混じった意見文の例

私は、人生は自ら切り開くものであると思う。
私はお父さんとよく将来の話をする。私自身は選択肢がたくさんある。でも、それが逆に悩みでもある。でもお父さんは、いつもいろんな可能性があっていいではないか、悩めるのが一番幸せだと言います。なので、私はもっと悩んで、自分の人生を切り開いていきたい。

↓ 添　削

●書きことばに整えた例

人生は自ら切り開くものである。
私は父と将来の話をする機会が多い。私自身にはさまざまな選択肢があるが、それが他方では悩みでもある。しかし、父は、多様な可能性があっていいではないか、悩めるのが最も幸福だと言う。確かに、そのとおりである。これからもさらに悩み、自分の人生を切り開いていくつもりだ。

◉添削のポイント

❶話しことばを書きことばに書き換える。
　（お父さん・たくさん・でも・逆に・いつも・いろんな・なので・もっと）
❷「──と思う」は主観的表現であるため、できるだけ使わないようにする。
❸意見文の場合、一人称は「私」を使用する。（×自分・僕・俺・あたし……）
　レポートや論文の場合の一人称は「筆者」、学術発表などプレゼンテーションの場合の一人称は「発表者」を使用するとよい。
❹通常、レポートや論文は「である体」で書く。就職活動のエントリーシートなど、特別の場合は「です・ます体」で書くこともある。

【話しことば→書きことば一覧】

	話しことば的表現	書きことば的表現
接続表現	だけど／でも 〜けど だから／なので あと 〜だし 〜しないで 〜したら 〜とか〜とか	しかし／それにも関わらず 〜だが したがって さらに／加えて 〜ことに加えて／〜であり 〜せずに 〜れば／〜ると 〜や〜など
修飾表現	とても／とっても やっぱり もっと だんだん ちゃんと／きちんと いっぱい／たくさん ちょっと だいたい 全然 いろんな／いろいろな みんな どんな（こんな／そんな／あんな） どっち（こっち／そっち／あっち）	大変／非常に／極めて／著しく やはり／予想通り さらに／一層／ますます 徐々に／次第に 正確に／詳細に／丁寧に 多くの 少し／わずか／やや およそ／ほぼ 全く さまざまな／種々の みな／全て どのような（このような／そのような／あのような）／どれほど（これほど／それほど／あれほど） どちら（こちら／そちら／あちら）

【話しことば→書きことば一覧】

	話しことば的表現	書きことば的表現
文末表現	〜じゃない 〜しなくちゃいけない 頑張る 〜して欲しい 〜かなと思う 〜だなと思う	〜ではない 〜しなければならない 努力する 期待される 〜だろうか 〜だ／〜である

　以上の例は、レポートなどによくみられる話しことばの一例と、それらに対応する書きことばの例である。文脈によっては、上に挙げてある書きことばでは対応しない場合もあるかもしれない。そのような場合には、話しことばと書きことばを1対1で対応させようとせず、適切に言葉を補いながら、文を整えることも必要である。

【練習問題1】
以下の文を、「である体」に整えなさい。
❶私は、大学一年生です。

_____

❷大学では、特に語学に力を入れて勉強しており、来年の夏には、留学する予定です。

_____

❸ただ、私は、語学の習得だけを目的として、留学したいと思っているのではありません。

_____

❹留学先の国の文化を学びたいと思っていますし、日本の文化も伝えたいとも思っています。

_____

❺このクラスにも、語学に興味をもっている人がいるでしょう。

_____

❻ぜひ、仲良くしましょう。

_____

❼みなさんの好きなことや、興味のあることも知りたいです。

_____

【練習問題2】
次の文を、「書きことば」としてふさわしい表現に改めなさい。

❶ドヤ顔するのが、部活の中でメッチャはやってる。
_____

❷なんでこの作家はこんなに悲観的なことばっか書くん？
_____

❸そんなにいっぱいしゃべっちゃうなんて、ヤバくね？って思う。
_____

❹どっちかってゆうと、才能より努力って感じかな。
_____

❺目撃者がいっつも見たまんまのことを話すとは限んない。
_____

❻この体力測定は、体力年齢と実年齢を並べて診断してくれちゃうのがゲームっぽい。
_____

❼その作家はパソコン2台を駆使してバリバリ原稿を書くんだって。
_____

❽このお店のケーキは、普通においしすぎて、逆にヤバい。
_____

【練習問題3】
以下は、ある学生が書いたレポートの一部である。適切な言葉遣いに直しなさい。

　今日は、「学内インタビュー」っていうのをやりました。
　職員さんが仕事のやりがいについて話してくれたんだけど、卒業した学生が会社とかでガンバッてるってきくと嬉しいって言ってたのが、メッチャ印象的だった。あと、学生の顔と名前を全員覚えてたり、単位の相談に乗ってくれたりするっていうことも知って、ホントにうちらのことを考えてくれてるんだなぁ。マジで感動した！あとは、仕事の進め方で、周りのみんなと協力し合うことが大事って言ってたけど、アタシもバイトでそれは気を付けてるって思った。
　反省点は、沈黙が多くなっちゃったこと。ホントはもっと質問しようと思ったんだけど、なんて聞いたらいいか分かんなくて、モヤモヤ〜みたいになってるうちに、時間が来ちゃって……。うまく話せると思ってたけど、自分はまだ全然だな〜と思いました。今度は頑張りたいです！

【参考文献】
名古屋大学日本語表現研究会（2005）『日本語表現ノート―書き込み式』三弥井書店
名古屋大学日本語研究会GK7（2009）『スキルアップ！日本語力―大学生のための日本語練習帳』東京書籍

3-4 引用をする

　大学で課されるレポートは資料を引用し、作成するのが一般的である。引用の目的は、自分の主張を裏づけるためであったり、これまでの研究で明らかになった点を紹介するためであったりと様々である。引用の際に最も重要なのは、他人の意見や調査などと自分の意見とを明確に区別することである。他人の意見をいかにも自分の意見のように述べることはあってはならない。他人の意見や調査を自分のレポートに引用した場合は、必ず出典を明記しなければならない。ここでは、引用の種類と方法とについて確認する。

1　引用の種類
　引用は直接引用と間接引用の2種類ある。

> ❶直接引用：引用したい箇所を一字一句変えずにそのまま引用する。
> ❷間接引用：引用したい箇所を要約して引用する。

2　引用の方法
　引用の種類や引用する箇所の長さによって、引用の方法が異なる。また、出典の提示形式も複数ある。学問分野によって引用の方法や出典の提示形式が異なるため、レポートを作成する際は担当の教員の指示に従って、選択するとよい。

引用の種類	引用箇所の長さ	引用の方法	出典の提示形式
直接引用	短い	引用箇所を「　」で括る	① バンクーバー方式 ② ハーバード方式
直接引用	長い	引用箇所を2字下げして提示する	① バンクーバー方式 ② ハーバード方式
間接引用		引用箇所の要約を文中に入れる	① バンクーバー方式 ② ハーバード方式

> ❶バンクーバー方式：本文中で引用した箇所に順番に番号をつけ、その出典を注欄※に書く形式。
> ❷ハーバード方式：本文中で引用した箇所に著者名と引用する資料の発表年を記し、文書末に出典を書く形式。

> ※注　欄
> 注欄とは、引用や参考資料の出典や本文の内容についての補足的な説明を記す欄である。

　資料を引用する際には、いずれの場合も出典を明記しなければならない。以下に出典の提示形式もあわせて、上記の引用の方法の例を挙げる。

【例】直接引用（引用箇所が短い場合）
文末まで引用する場合でも、句点（[。]）は「　」のなかに入れない。

【よくない例】内藤は、書く行為について「書くことは考えることである。」と述べている。

①バンクーバー方式（引用順方式）での書き方

> 著者名（姓のみ）　　　　　　　引用箇所を「　」で括る
>
> 鶴見は、『真景累ケ淵』を引用しながら、「おばけは、行動への形をとり得ぬ執念から生まれる」と説明し、その「執念」を実体化させる装置として「社会全体の利益代表としての超自我のはたらき」を挙げている[1]。鶴見は社会的良心によって、個人的なものであったはずの「執念」が社会的なものとして実体化されるという。
>
> 引用した文の最後に注番号を振る
>
> 引用した箇所のまとめ、もしくは分析を書く
>
> 注
> 1) 鶴見俊輔「円朝における身ぶりと象徴」『鶴見俊輔著作集』第四巻 筑摩書房 1975年
>
> 注番号と注欄の番号が対応
>
> ページを入れる場合もある
> p.○　→　引用箇所が1ページ内にある場合
> pp.○-○　→　引用箇所がページをまたぐ場合

（主語と述語を対応させて、文が成立するように注意する）

注欄

②ハーバード方式（著者名・発行年方式）での書き方

> 著者名（姓のみ）＋出版年を（　）で括る　　　引用箇所を「　」で括る
>
> 鶴見（1975）は、『真景累ケ淵』を引用しながら、「おばけは、行動への形をとり得ぬ執念から生まれる」と説明し、その「執念」を実体化させる装置として「社会全体の利益代表としての超自我のはたらき」を挙げている。鶴見は社会的良心によって、個人的なものであったはずの「執念」が社会的なものとして実体化されるという。
>
> 引用した箇所のまとめ、もしくは分析を書く
>
> 引用文献
> 鶴見俊輔（1975）「円朝における身ぶりと象徴」『鶴見俊輔著作集』第四巻 筑摩書房
>
> 文書末に引用資料を一括して提示する
>
> ページを入れる場合もある
> p.○　→　引用箇所が1ページ内にある場合
> pp.○-○　→　引用箇所がページをまたぐ場合

（主語と述語を対応させて、文が成立するように注意する）

引用文献欄

【例】直接引用（引用箇所が長い場合）

①バンクーバー方式（引用順方式）での書き方

> 著者名（姓のみ） 　　　　　　　　　　　　　文の最後に注番号を振る
>
> 亀井は円朝口演の聴き手について、次のように解説する²⁾。
>
> 　　　　　何についての引用かがわかるように1文でまとめる
>
> 　円朝の幽霊に戦慄した聴き手たちの心はめでたしめでたしの結末によってしか慰められようがなかったにちがいなく、少なくともかれらが勧善懲悪のめでたい語りの収めに飽いていたという証拠はどこにも見られないのである。
>
> 　円朝の高座に集まる聴き手は、明治開化期になってもなお、江戸の戯作的世界を求めていた。そこでは〈新しい〉ものよりも従来、馴染んできたものが求められたのである。
>
> 　　　　　　　　　引用した箇所のまとめ、もしくは分析を書く
>
> 注
> 2）亀井秀雄「円朝口演における表現とは何か」『日本文学』VOL.23　日本文学協会　1974年
>
> 注番号と注欄の番号が対応　　　ページを入れる場合もある
> 　　　　　　　　　　　　　　　p.○　→　引用箇所が1ページ内にある場合
> 　　　　　　　　　　　　　　　pp.○-○　→　引用箇所がページをまたぐ場合

一行空けずに引用する方法もある／引用箇所はすべて二字下げ／注欄

②ハーバード方式（著者名・発行年方式）での書き方

> 著者名（姓のみ）＋出版年を（ ）で括る
>
> 亀井（1974）は円朝口演の聴き手について、次のように解説する。
>
> 　円朝の幽霊に戦慄した聴き手たちの心はめでたしめでたしの結末によってしか慰められようがなかったにちがいなく、少なくともかれらが勧善懲悪のめでたい語りの収めに飽いていたという証拠はどこにも見られないのである。
>
> 　　　　　何についての引用かがわかるように1文でまとめる
>
> 　円朝の高座に集まる聴き手は、明治開化期になってもなお、江戸の戯作的世界を求めていた。そこでは〈新しい〉ものよりも従来、馴染んできたものが求められたのである。
>
> 　　　　　　　　　引用した箇所のまとめ、もしくは分析を書く
>
> 引用文献
> 亀井秀雄（1974）「円朝口演における表現とは何か」『日本文学』VOL.23　日本文学協会
>
> 　　　　　　　　　　　ページを入れる場合もある
> 　　　　　　　　　　　p.○　→　引用箇所が1ページ内にある場合
> 　　　　　　　　　　　pp.○-○　→　引用箇所がページをまたぐ場合

一行空けずに引用する方法もある／引用箇所はすべて二字下げ／引用文献欄

【例】間接引用
要約では、引用する資料の文意を変えずに、簡潔にまとめる。

①バンクーバー方式（引用順方式）での書き方

> 　　たとえば、前田は『怪談牡丹燈籠』の第四回について、釣舟のなかでうたたねをする新三郎が、お露との再会を夢見る趣向を春水の『春色梅美婦禰』を転じたものと指摘している[3]。前田の指摘を受け、確認してみると、『春色梅美婦禰』と『怪談牡丹燈籠』との間には、たしかに影響関係が見出せ、とりわけ第四回に多く『春色梅美婦禰』の影響が見られた。
>
> 注
> 3）前田愛「怪談牡丹燈籠まで」『前田愛著作集』第四巻　筑摩書房　1989年

注釈：
- 著者名（姓のみ）
- 要約した文の最後に注番号を振る
- 主語と述語を対応させて文が成立するように注意する
- 引用した箇所のまとめ、もしくは分析を書く
- 注番号と注欄の番号が対応
- ページを入れる場合もある
  p.○　→　引用箇所が1ページ内にある場合
  pp.○-○　→　引用箇所がページをまたぐ場合

②ハーバード方式（著者名・発行年方式）での書き方

> 　　たとえば、前田（1989）は『怪談牡丹燈籠』の第四回について、釣舟のなかでうたたねをする新三郎が、お露との再会を夢見る趣向を春水の『春色梅美婦禰』を転じたものと指摘している。前田の指摘を受け、確認してみると、『春色梅美婦禰』と『怪談牡丹燈籠』との間には、たしかに影響関係が見出せ、とりわけ第四回に多く『春色梅美婦禰』の影響が見られた。
>
> 引用文献
> 前田愛（1989）「怪談牡丹燈籠まで」『前田愛著作集』第四巻　筑摩書房

注釈：
- 著者名（姓のみ）＋出版年を（　）で括る
- 主語と述語を対応させて文が成立するように注意する
- 引用した箇所のまとめ、もしくは分析を書く
- 文書末に引用資料を一括して提示する
- ページを入れる場合もある
  p.○　→　引用箇所が1ページ内にある場合
  pp.○-○　→　引用箇所がページをまたぐ場合

3　出典の書式

　出典の書式は、資料によって記す項目が異なる。また、項目の順序は学問分野によって異なる場合がある。さらに、資料は種別ごとにまとめて記載する。ハーバード方式では引用文献を五十音順もしくは出版年順に並べて記す場合もある。なお、資料の種別の順序は学問分野によって異なる場合がある。レポートを作成する際は担当の教員の指示に従って、選択するとよい。いずれの場合も未記載の項目がないよう、書いたあとには必ず確認をするとよい。

①バンクーバー方式（引用順方式）での書き方

ⓐ図　　書
編著者名　『書名』出版社　発行年
【例】石黒圭『文章は接続詞で決まる』光文社 2008 年

ⓑ雑誌記事・論文
著者名「記事・論文名」『雑誌名』巻号　発行年月
【例】十重田裕一「出版メディアと作家の新時代」『文学』第 4 巻 第 2 号 2003 年 3 月

ⓒ新　　聞
「記事名」『新聞名』発行年月日 朝夕刊の別
【例】「耕論 君はルフィになれるか」『朝日新聞』2014 年 6 月 13 日朝刊

ⓓWeb 資料
ホームページ名「記事タイトル」管理者名 URL 閲覧年月日
【例】日本学生支援機構ホームページ「平成 18 年度学生生活調査結果」日本学生支援機構 http://www.jasso.go.jp 2015 年 12 月 21 日閲覧

②ハーバード方式（著者名・発行年方式）での書き方

ⓐ図　　書
編著者名（発行年）『書名』出版社
【例】石黒圭（2008）『文章は接続詞で決まる』光文社

ⓑ雑誌記事・論文
著者名（発行年）「記事・論文名」『雑誌名』巻号
【例】十重田裕一（2003）「出版メディアと作家の新時代」『文学』第 4 巻 第 2 号

ⓒ新　　聞
新聞名（発行年）発行月日　朝夕刊の別「記事名」
【例】朝日新聞（2014）6 月 13 日朝刊「耕論 君はルフィになれるか」

ⓓWeb 資料
ホームページ名「記事タイトル」管理者名 URL 閲覧年月日
【例】日本学生支援機構ホームページ「平成 18 年度学生生活調査結果」日本学生支援機構 http://www.jasso.go.jp 2015 年 12 月 21 日閲覧

> ●記号の使い方
> 「　」：論文名、作品名、会話、引用、強調したい語句などに用いる。
> 『　』：書名、新聞名などに用いる。
> （　）：発行年、例示、注、補足説明などに用いる。
> ──：副題、補足説明、注などに用いる。
> ・：名詞を列挙する場合や外国の固有名詞の区切りを示す場合に用いる。

【付　記】
なお、pp.66-68 の【例】で引用した文章はすべて入口愛「二人の幽霊、二つめの怪談、怪談の行方──三遊亭円朝『怪談牡丹燈籠』を読む」（『愛知淑徳大学国語国文』第 30 号　愛知淑徳大学国文学会　2007 年）に拠る。ただし、テキスト作成に際し、一部修正を加えた。

【参考文献】
井下千以子（2013）『思考を鍛えるレポート・論文作法』慶應義塾大学出版会
内田保男・石塚秀雄（1992）『カラーワイド新国語要覧』大修館書店
科学技術振興機構ホームページ「参考文献の役割と書き方」（2011 年版）科学技術振興機構 http://jipsti.jst.go.jp 2017 年 4 月 4 日閲覧
木下是雄（1994）『レポートの組み立て方』筑摩書房
桑田てるみ（2013）『学生のレポート・論文作成トレーニング──スキルを学ぶ 21 のワーク』実教出版
ノートルダム清心女子大学人間生活学科［編］（2011）『大学生のための研究ハンドブック』大学教育出版

第4章　文字・表記を考えよう

4-1　日本語の文字

　日本語には漢字を初めとして、ひらがな・カタカナがあるほか、数字も漢数字・アラビア数字・ローマ数字が使われている。また、これらの他にアルファベットを用いてローマ字表記することもある。ではなぜこのように多くの種類の文字を使用するようになったのであろうか。仮名が発明された時点ですべて仮名表記にしてもよかったのではないか。そうすれば漢字を覚える手間が省けたのではないか。漢字学習に悩まされた身にはこうした恨みがましい疑問が次々と脳裏をよぎってくるであろう。そこで、まずそれぞれの文字について解説する。

1　漢　　字

　漢字は文字通り中国で生まれた中国の文字である。文字をもたなかった日本語は、既存の中国の文字を輸入し、利用した。漢字は意味をもつ「表意文字」であるため、中国語音とともに意味に日本語訳をあてた。その中国語音が音読みであり、日本語訳が訓読みである。そのため、複数の訓読みが存在することが珍しくないばかりか、音読みでさえも、漢音、呉音、唐（宋）音の3種があり、複数の音読みをもつものもある。当初は漢字の音を日本語の発音にあてて利用していた。それが仮名の発明へとつながる。

　現在、一般の社会生活において現代の国語を書き表す場合の漢字使用の目安として「常用漢字表」に1945字が示されている。数が多く覚えるのが大変であるのはデメリットであるがそれぞれが意味をもっていることから、同音異義語を区別したり、文字から語句の意味を理解できる点はメリットである。

2　ひらがな（平仮名）

　漢字音を利用して日本語の発音にあてていたもので（音節文字）、漢字の文字全体をくずした草体をさらにくずして書くようになったもので様々な字体があった。正格な文字としての漢字「真名」に対し、そうではないものとしての「仮名」である。主に女性が使ったことから「女手」ともいわれ、「男手」（漢字）と区別された。平安時代には和歌や日記文学に用いられた。現在は助詞、助動詞、活用語尾、接続詞、副詞、擬態語などの表記に用いられる。

> 【例】
> そして、私が、ときどき、せかせか、歩かされた

3　カタカナ（片仮名）

　平仮名同様、音節文字であるが、漢字の字画の一部を書いたものである。「片」は「不完全」の意味である。主に男性が漢文訓読に用いていた。現在は外来語や外国（中国・朝鮮を除く）の固有名詞、学名、擬音語などの表記に用いる。

> 【例】
> コーヒー、アメリカ、ヒト（ホモサピエンス）、ワンワン

4　ローマ字

アルファベットを用いて日本語を表記するもので、駅の案内板・地名表示・道路標識などに用いられる。ヘボン式（標準式）、日本式、そして両者を折衷した訓令式の3種がある。現在のつづり方は昭和29年の内閣告示第1号による（訓令式：基本は日本式であるが従来の慣例をにわかに改めがたい場合はヘボン式表記も可）。「そえがき」が以下の6項目ある。

> ❶はねる音「ン」はすべてnと書く。……………………………………【例】sinbun（新聞）
> ❷はねる音を表すnと次に来る母音字またはyとを切り離す必要がある場合はnの次に ' を入れる。………………………………………【例】gen'in（原因）／kin'yoku（禁欲）
> ❸つまる音は最初の子音を重ねて表す。………………【例】kitte（切手）　zassi（雑誌）
> ❹長音は母音の上に ^ をつけて表す。なお大文字の場合は母音字を並べてもよい。
> 　　　　　　　　　　　　　　　　　……………【例】gakkô（学校）／Oosaka（大阪）
> ❺特殊音の表し方は自由とする。……………【例】otottsan otottwan（お父つぁん）
> ❻文の書き始め及び固有名詞は語頭を大文字で書く。なお、固有名詞以外の名詞の語頭を大文字で書いてもよい。…………………………【例】Asita wa Ame desu.（明日は雨です。）

5　漢数字

実数の他、熟語や成句の場合に用いる。普段は「一、二、三…」の表記であるが、金額などの場合は重要数字の書き換え防止を考慮して「壱、弐、参…」の画数の多い文字を用いることが慣例である。

6　アラビア数字

　1、2、3、4、5……

「算用数字」ともいう。横書きで実数を表す場合、算数や数学のときは世界共通のこの文字を用いる。

7　ローマ数字

　Ⅰ、Ⅱ、Ⅲ、Ⅳ、Ⅴ……

「時計数字」とも呼ばれ、時計の文字盤などに使われることが多い。章立てしたときの番号など、分類したときの大項目の番号に用いられることが多い。アラビア数字ほど一般的ではない。

日本語は以上のように多くの文字を用いてはいるが、それぞれ使い分けがされている。漢字平仮名交じり文が基本的であり、外来語などの語句に応じてその中に片仮名が混じったりもする。

漢字仮名交じり文のメリットは、分かち書きをしなくても文節や文の区切れ目がわかることである。次の例を見てみよう。

> 【例1】
> ⓐははははははははのははははがははははとわらった。
> ⓑははは　ははは　ははの　ははは　がはははは と　わらった。
> ⓒ母ははははは母の母がははははと笑った。

> ⓓ母はハハハ母の母はガハハハハと笑った。

　ⓐは読むのも困難である。分かち書きをしたⓑは幾分読めるようにはなるが、意味をとるのはまだ困難である。ⓒになるとかなり読みやすく、意味も少しは理解できる。ⓓになると完全に読める上、意味も理解できる。読点がないにもかかわらず、である。
　また、同音語も漢字にすることで意味がはっきりする。

> 【例2】
> ⓐいちさん、ごさんだったよ。ごいちにいさんのしご、ろくやれいのしはらいのためには、くじゅうのせんたくだ。このさんごのくしとはちを、しちにいれてくれ。
> ⓑ13、53だったよ。5123の45、6や0の支払いのためには9　10の選択だ。この35の94と8を7に入れてくれ。
> ⓒ市さん、誤算だったよ。吾一兄さんの死後、禄や礼の支払いのためには苦渋の選択だ。この珊瑚の櫛と鉢を質に入れてくれ。

　ⓐは読むだけは読めるが意味がよくわからない。音からはⓑを連想してしまい、暗号のような数字から離れられなくなる（同音語が多い日本語ならではのことで、数字の語呂合わせは日常茶飯事である）。ⓒならば意味もわかる。

　以上、日本語は文字の種類も数も多いが、それぞれが役割分担をしており、漢字仮名交じりにすることで、分かち書き不要の機能を果たしていることがわかる。

【参考文献】
三省堂編修所［編］（2015）『新しい国語表記ハンドブック　第7版』三省堂

4-2　表　記

1　仮名遣い

　現在の仮名遣いは昭和61年内閣告示（昭和21年内閣告示改め）の「現代仮名遣い」を使用している。戦前は「歴史的仮名遣い」を使用していた。「現代仮名遣い」は原則として表音表記であり、発音どおりに書くようになっているが、例外や「歴史的仮名遣い」を受け継いでいるところもある。

ⓐ拗音・促音
「きゃ」「きゅ」「きょ」などの拗音や「がっこう」「はってん」などの促音表記には小書きの「ゃ」「ゅ」「ょ」「っ」を用いる。

ⓑ長　音
ア・イ・ウ・エ列の長音はそれぞれの列の仮名に「あ」「い」「う」「え」を添えて書く。
　【例】「おかあさん」「にいさん」「ふうふ」「ねえさん」
　　　ただし、エ列で漢字音やイ音便のものは「エイ」「エー」の発音にかかわらず「い」を添えて書く。また慣習で「い」と表記するものもある。
　【例】「えいが（映画）」「かせいで（稼いで）」「かれい（鰈）」「せい（背）」
　　　オ列の長音はオ列の仮名に「ウ」を添えて書く。
　【例】「おとうさん」
　　　ただし、オ列の仮名に歴史的仮名遣いで「ほ」「を」が続くものは「お」を添えて書く。
　【例】「とおい（遠い　トホイ）」「とお（十　トヲ）」

ⓒ「ぢ」「づ」の表記
同音の連呼によって生じた場合、2語の連合によって生じた場合（連濁）は「ぢ」「づ」となる。
　【例】「ちぢむ（縮む）」「つづき（続き）」「はなぢ（鼻血）」「はこづめ（箱詰め）」
　　　ただし、例外に「いちじく」「いちじるしい」があるほか、すでに1語としての意識が強いものは「じ」「ず」表記となる。
　【例】「せかいじゅう（世界中）」「いなずま（稲妻）」「うなずく（頷く）」

ⓓ助詞の「は｜（副助詞）「へ」「を」（格助詞）」は慣習を尊重して歴史的仮名遣いのままとする。

ⓔ動詞「言う」は「いう」と書く。語幹部分を「い」とするためである。

> **【練習問題1】**
> 次の漢字部分を仮名表記してみよう。
> ❶女王様は通りかかった大男に無花果と氷の入った小包を預けた。
> ❷狼男は三日月に向かって跪き、十分間遠吠えを続けた。
> ❸馬鹿力が自慢の地主の持病は痔だ。
> ❹盃に地酒を注ぎ、珍しい料理に舌鼓を打った。

2　送り仮名

> ⓐ活用のある語は原則、活用語尾を送る。ただし、語幹が「し」で終わる形容詞は「しい」を送る。活用語尾の前に「か」「やか」「らか」を含む形容動詞はその音節から送る。
> 【例】「動く」「考える」「美しい」「正しい」「静かだ」「穏やかだ」「柔らかだ」
> 　　その他、例外が多数あるので、個別に覚えなければならない。
> 【例】「大きい」「少ない」「冷たい」「異なる」「味わう」「群がる」「盛んだ」
>
> ⓑ動詞転成名詞や活用語に接辞「さ」「み」「げ」などがついて名詞となったものは元の語の送り仮名のつけ方によって送る。
> 【例】「焦り」「代わり」「初め」「近く」「厚さ」「悲しみ」「楽しげ」
> 　　一方、送り仮名をつけないものもある。「／」以下は「許容」で、送り仮名があってもなくてもよい。
> 【例】「印」「畳」「話」「係」「組」／「曇り」「晴れ」「答え」「問い」「届け」
>
> ⓒ副詞・連体詞・接続詞は最後の音節を送る。
> 【例】「必ず」「再び」「来る（きたる）」「且つ」
>
> ⓓ名詞は送り仮名をつけない。但し、最後の音節を送るものもある。
> 【例】「辺り」「傍ら」「幸い」「半ば」「斜め」「自ら」
>
> ⓔ複合語は、その複合の語を書き表す漢字のそれぞれの単独での送り仮名による。
> 【例】「打ち合わせる」「話し合う」「組み込む」「聞き苦しい」「苦し紛れ」
> 　　ただし、読み間違えの恐れが無い場合は「許容」として送り仮名を省くことができるほか、送り仮名が無い方が慣例とされているものもある。
> 【例】「申込み」「申込」「売上げ」「売上」「引換え」「引換」「書留」「小包」「消印」「組合」「積立」「割引」「試合」「受付」

送り仮名に関しては、許容や例外が多いので、個別にしっかり覚える必要がある。

3　外来語の表記

片仮名表記する。日本語にない、あるいはあまり使われない音の表記に「シェ」「ジェ」「チェ」「ツァ」「ツィ」「ツェ」「ツォ」「ティ」「ディ」「デュ」「ファ」「フィ」「フェ」「フォ」がある。しかし、必ずしも原音通りの表記とは限らず、別表記の方が一般的なこともある。

> 【例】
> ラ<u>ジ</u>オ、セロ<u>ハ</u>ン、メガ<u>ホ</u>ン、ミルク<u>セー</u>キ、<u>ジュ</u>ラルミン

他に「イェ」「ウィ」「ウェ」「ウォ」「クァ」「グァ」「クィ」「グィ」「クェ」「グェ」「クォ」「グォ」「トゥ」「ドゥ」「ヴァ」「ヴィ」「ヴ」「ヴェ」「ヴォ」「テュ」「フュ」「ヴュ」も用いられる。いずれも個別に慣用の表記があることや、表記が固定的ではなく別表記も併用されることもあるので、個別対応が必要である。

なお「あ゛」「ア゛」は漫画ではよく使われているが日本語の正書法としては認められていない。

> 【練習問題2】
> ❶外来語の原語のつづりと片仮名表記を比べてみよう。
> ❷世界地図で国名の表記と原語のつづりを比べてみよう。

【参考文献】
三省堂編修所［編］（2015）『新しい国語表記ハンドブック　第7版』三省堂

4-3 文字を書く

1 読みやすい字を書くために

「文字は人柄を表す」ともいわれている。そのため、就職の際、手書きの履歴書や提出物を要求されることも多い。すべてパソコンで済ませられるのであれば問題はないが、「手書き」ということになると、個人差が出てしまう。字の上手下手は仕方のないことである。短期間のうちに急に達筆になるわけにはいかない。しかし、達筆な人の文字が必ずしも読みやすいわけではない。もちろん、悪筆が読みやすいなどとは決して言えない。ただ、字が上手ではなくとも、読みやすい字を書くことは努力次第でできるようになるだろう。以下、読みやすい字を書くための注意点を述べる。

①筆記具の持ち方

まずは正しい鉛筆の持ち方をすることである。左利きの人は横書きの際、書き進む向きが右利きの人に対して不利ではあるが、正しい持ち方をすることによって支点が固定され、紙面に対する角度が安定する。握りこんでいると支点がふらつく上、力も入りにくくなる。すでにおかしな癖がついてしまっている人は、今までよりもこれからの人生の方が長いのであるから、少しでも早く矯正に努めるべきである。

②筆圧・字の大きさ

読みやすさの基本には筆圧がある。薄い文字では訴えかけが弱い。いくら良い文章が書けていても、読んでもらえなくては何にもならない。濃すぎる必要は全くないので、ある程度の濃さが出るよう筆圧を考えて書くようにしよう。

また、文字の大きさにも気をつけよう。小さく、潰れたような文字は読み手に多大な負担をかける。適度な大きさを考えて書くようにしよう。また、漢字は大きめに、仮名はそれより少し小さめに書くと読みやすく、バランスも取りやすい。

③筆　順

文字のバランスをとるのに筆順は大事である。特に漢字を書くにあたっては「上から」「左から」の順を守り、全体が正方形・縦長四角・横長四角・三角・逆三角のいずれになるのかをイメージしながら書くとバランスが取れてよい。

> 【例】
> 「左」１画目は横棒→全体は縦長
> 「右」１画目はノ→全体は横長

2 漢　字

①漢字の構成

漢字を書くのが苦手な人は多い。漢字の成り立ちを知ることで合理的に理解することができるのではないだろうか。漢字の成り立ちについて説明した「六書（りくしょ）」という分類がある。

> ⓐ象　形：物の形をかたどった。……………………………………「山」「川」など
> ⓑ指　事：事柄や数などの抽象的概念を象徴的に記号化した。…………「一」「上」など
> ⓒ会　意：象形や指事によって作られた文字を結合し、それらの意味を合わせて合成した。
> 　　　　　………………………………………………………………「明」「繭」など
> ⓓ形　声：象形・指示によって作られた漢字を結合し、一方を発音の記号に、他方を意味
> 　　　　　の記号に用いて合成した。……………………………「剣」「険」「検」など
> ⓔ転　注：ある漢字の本来の意味を近似した別の意味に転用した。字音を変えることが多
> 　　　　　い。……………………………………「悪」（アク　悪い）に対して（オ　憎む）
> ⓕ仮(か)借(しゃ)：別の意味だが音が同じ漢字を借用した。

　また、漢字の部首に気をつけて覚えよう。部首は漢字のどの部分に位置するかによって以下に示したように大別できる。

> ⓐ偏：へん………………………………………………………漢字の左側に位置する。
> ⓑ旁：つくり……………………………………………………漢字の右側に位置する。
> ⓒ冠：かんむり…………………………………………………漢字の上部に位置する。
> ⓓ脚：あし………………………………………………………漢字の下部に位置する。
> ⓔ垂：たれ………………………………………漢字の上部から左側にかけて位置する。
> ⓕ繞：にょう……………………………………漢字の左側から下部にかけて位置する。
> ⓖ構：かまえ………………………………漢字の内部を挟む、または囲い込む位置にある。

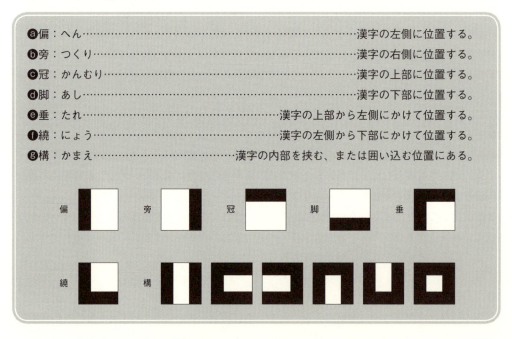

　部首それぞれに意味があるので意味を考えながら覚えると覚えやすい。

> 【例】
> 木偏→木に関係するもの　　草冠→草花に関係するもの

②ていねいに書く
　漢字を書くとき、線の長さを全く気にせず、いい加減に書いてしまう人がいる。しかし、例えば「日」に縦に１画棒線を足すと以下の【例１】に示すような４つの場合が考えられる。また、【例２】のような場合もある。１画ずつ丁寧に書くようにしよう。

> 【例１】田、甲、由、申
> 【例２】土、士

これらの文字がそれぞれ全く別物であることは周知のとおりである。線の長さは大切である。

【例3】
柿、杮

「かき」と「こけら」は印刷するとほとんど見分けがつかない。「こけら」の方を区別するため、木偏部分を少し変えて印字するようになっていたりもするが、この2字の差は旁部分がナベブタの「市」か「一」に「巾」を書くかの違いである。こんなことでも全くの別字になるのである。細かい点にまで注意して丁寧に書くことを心掛けなければならない。

線だけではなく、点も大切である。位置のみならず、点の有無でも別字となる。

【例4】
大、犬、太

略字も使われがちである。

【例5】
厂（歴）、卆（卒）

略字は自分の覚書として使うのはよいが、正式な文書の中では使わないようにする。

【練習問題】
❶部首の名前を調べてみよう（複数の名前をもつものもある）。名前の由来も考えよう。
❷漢字の部首を調べてみよう（辞書によって部首が異なることもある）。
　【例】　繭　為　哀　甘　亜

第5章　読んでみよう：図書館を活用する

　大学の授業でレポートが課された場合、資料など何も見ずに自分で考えたことだけを文章にまとめることは望ましくない。まずはレポートに関する資料を探し、集めた資料を読むことがレポートを書く第一歩となる。資料の探し方については2-2で触れた。この章は、段階的な学習を想定した構成となっている。まず「5-1　書誌事項を知る」でレポートに記載する基本的な書誌事項を挙げる。次に「5-2　あらまし読みと探し読みをする」で読解の方法を紹介し、「5-3　要約文を書く」で要約の方法を提示する。さらに「5-4　2冊以上のテクストを読む」では複数の資料を読解し、比較する。レポートを執筆する際に必要な書誌事項を知り、目的にあった方法で資料を選択し、資料を正確に読解、把握した上で内容を比較し考察する力を身につけることをねらいとする。

5-1　書誌事項を知る

1　図書館の配架

　多くの図書館では、図書は日本十進分類法（NDC）によって分類され、書架に並べられている。この場合、開架と閉架（書庫に保管されている）がある。図書は、日本十進分類法に従って分類記号と受入順または著者などの頭文字の図書記号をくみあわせた請求記号が割り振られる。請求記号を書いたラベルは背表紙に貼り付けられている。図書館では、この請求記号を手がかりに図書を探す。一般的に、図書は請求記号順に本棚の左から右に並んでいる。

【日本十進分類法】

000	総記	100	哲学	140	心理学	200	歴史
300	社会科学	370	教育	400	自然科学	490	医学・薬学
500	技術・工学	590	家政学・生活科学	600	産業	700	芸術・美術
780	スポーツ・体育	800	言語	830	英語	900	文学

【請求記号：ラベルの見方】

2　図書の体裁

　レポートを作成する際に参考にする資料としては、図書、論文、新聞、Web情報などが挙げられる。図書館では、そのすべての資料を収集することができる。ここでは、図書の見方を紹介する。まず、図書の体裁から見ていくこととする。

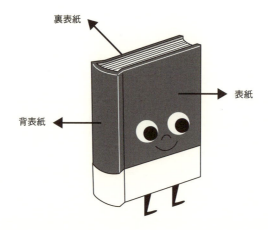

　図書の下方に帯（おび）といわれる細長い紙が巻いてあるものもある。帯には、その図書の紹介が書かれているため、選書の際に参考にするとよい。

3　奥　付

　レポートを執筆する際に、資料を引用する場合がある。その場合、必ずどの資料から引用したのかを明記する必要がある（詳細は「3-4　引用をする」を参照）。レポートに記載する事項が掲載されているのが「奥付（おくづけ）」である。奥付は図書の末尾にあるため、裏表紙から開いて探すとよい。奥付には、書名、編著者、発行者、発行所（出版社）、印刷所、発行年月日、定価などが書かれている。レポートに記載する事項は①書名、②編著者、③発行所（出版社）、④発行年である。

【奥　付】

①書名：学生のための学び入門　ヒト・テクストとの対話から始めよう

2014年3月30日　初版第1刷発行

著　者　牧　恵子　←②編著者
発行者　中西健夫
発行所　株式会社ナカニシヤ出版　←③発行所
〒606-8161　京都市左京区一乗寺木ノ本町15番地
　　　　Telephone　075-723-0111
　　　　Facsimile　075-723-0095
Website　http://www.nakanishiya.co.jp/
E-mail　iihon-ippai@nakanishiya.co.jp
郵便振替　01030-0-13128

④発行年
※複数ある場合は最も新しい版の最初の発行年を確認する。
版…1つの版から印刷された書物の総称
刷…印刷すること

装幀＝白沢　正／印刷・製本＝ファインワークス
Copyright © 2014 by K. Maki
Printed in Japan.
ISBN978-4-7795-0818-9

◉スマートフォンなどで記録（撮影）することは禁止
「コピー機が見つからないから」「ページの一部だから」といってスマートフォンなどで記録（撮影）することは、著作権法に抵触する行為である。複写する場合は、必ずコピー機を利用すること。

【練習問題】
❶図書館で「日本語」に関する図書を1冊選び、以下の書誌事項を書き取ろう。

1）書　名

_____

2）編著者

_____

3）発行所（出版社）　　※「発行者・発行人」ではない。「株式会社」は不要。

_____

4）発行年

_____

❷図書館のコピー機の場所を確認しよう。
　【例】1階の貸出カウンターの前、2階の西側にある階段の横

_____

_____

【参考文献】
桜花学園大学名古屋短期大学図書館ホームページ「資料案内」桜花学園大学名古屋短期大学図書館 http://libwww.nagoyacollege.ac.jp/ 2015年12月1日閲覧

5-2　あらまし読みと探し読みをする

　本節では、「あらまし読み」と「探し読み」について説明する。なお、本節の内容は牧恵子（2014）『学生のための学び入門　ヒト・テクストとの対話からはじめよう』（ナカニシヤ出版）に拠るものである。

1　実読をはじめよう

　高校生だけでなく、日本人は一般的に物語・フィクションを読むことが「読書」であるという傾向がある。少なくとも高等教育機関は事実を基に考察する学問研究を行うところであり、学生の学びには自然科学系や社会科学系の読書が不可欠である。

　高校生までの読書スタイル、すなわち小説やエッセイなどを読むように、1ページ目から順番に読み進めるという、楽しみのために行う読書のことを樋口裕一（2007）は「楽読」と呼んでいる。また、社会に出ると「教養」を下敷きに、より科学的に思考し、視野を広げながら物事を捉える、事実に基づいた思考力が必要となる。そこで、ここでは「楽読」に対して「実読」という読書を樋口（2007）から学ぼう。

　「実読」は、「何か行動に結びつけるために、情報や知識を得ようとして行う読書、つまり何かに役立てようとする読書」である。学生時代は、次のステージである「働く」ということの準備期間でもある。そこで「実読」に慣れながら、自分の人生について現実的に考えていこう。本の実読を多く行うことが今のあなたに大きな力を与えてくれるはずだ。

　まずは短い期間に10冊程ざっと読んでみよう。そのあらましをまとめ、そこから現実の世界の広がりを感じ、あなたらしい感性や知性をみつけよう。さらに、学部や学科に関連する本を10冊、20冊と増やしていこう。これを本テキストでは「あらまし読み」と呼ぶ。

　そして、学生時代に学ぶことのなかからあなたにとってのテーマを探ってみよう。自分の求めるテーマが見つかったとき、繰り返し読みたい本が定まり、自分の問題意識を軸にじっくり読みこむことができるだろう。そうした読みを本テキストでは「探し読み」と呼ぶ。

2　「あらまし読み」と「探し読み」

　高校の「国語」の時間に読む教科書の評論やエッセイなどは、通常長くても20ページ程度である。もちろん、大学生になるまでに新書やブックレットなどを多く読んだという人もいるだろう。そういった本を多読してきた人にとって、その経験は学生時代のさらなる飛躍につながる、貴重な財産になっているはずだ。

　一方、社会人は多かれ少なかれ「教養書」と呼ばれる本を読んでいる。教養書として代表的な本は「新書」であり、およそ200ページ程度である。高校の教科書教材に比べると長い文章だと感じるだろう。そこで、大学1年生では1冊の新書の内容をざっとつかまえるような読み方、すなわち「あらまし読み」をまず練習してみよう。学生時代は、人生で一番読書をする時期にもあたる。30冊、50冊と、数多くの本を読んで、「知の世界」の広さを感じてみよう。

　「知」の海は、高校のときまでに学習してきたレベルをはるかに超えて、広く深い世界である。そこで「知」の全体像に近づくためにも、1冊の本を大まかにつかむ読書（あらまし読み）と、専門の科目のなかで、あるテーマについての情報を集約していくための読書（探し読み）を進めていく必要がある。

　「探し読み」は、専門のなかの、身近ではあるもののかなり狭いところでの研究に結びつく読書である。このような深遠な専門分野に入る前に、全体をつかむことが必要だ。そこで、あ

らまし読みシートを基に本を多読してみよう。そして、「あらまし読み」を蓄積して「探し読み」へと入っていこう。「あらまし読み」の際には、次の点に注目しよう。

- 本の大きさ
- 表紙の様子
- 書誌情報
- 目次や解説
- 「はじめに（プロローグや序章など）」
- 「おわりに（エピローグや終章など）」
- 関心のある章・図表・絵・帯

　以上のような点に注目して、著者が主張したいことをおおよそ理解しながら多読してみよう。このような「あらまし読み」を蓄積することで、次に、学部や学科に関わるテーマについての「探し読み」へとつなげていこう。

【練習問題】
新書の中から一冊選び、あらまし読みシートを使って、あらまし読みをしてみよう。

【参考文献】
牧恵子（2014）『学生のための学び入門　ヒト・テクストとの対話からはじめよう』ナカニシヤ出版

【あらまし読みシート（記入例）】　　　　　　　　年　　月　　日　提出

学籍番号	名　前	本への評価 ◎・○・△

①あなたは、なぜ、その本を手に取りましたか。

――――――――――――――――――――――――――――――――――――

②奥付（本の後ろ）にある「書誌情報」（「書名」「著者名」「発行年」など）をメモしなさい。

書　名：	ことばおじさんの気になることば	
著者名（編集者名）： NHKアナウンス室ことば班	出版社名（発行所名）： 日本放送出版協会	
発行年： 2005年	請求番号（本の背の下部ラベル） 810.4 / エ / 144 指	
新書名・シリーズ名など： 生活人新書		

③目次を見て、興味のある章の見出しを1つ書き写しなさい。

【例】勢力拡大！　名古屋弁

④題名・目次・表紙カバーの解説などから、その本を説明するのに必要な語句・表現（キーワード・キーセンテンス）を12拾い出しなさい。

①気になることば	②ことばの変化	③日本語の乱れ	④違和感・抵抗感
⑤会話・コミュニケーション	⑥ことばおじさん	⑦ことばの疑問	⑧日本語ブーム
⑨日本語のあり方	⑩進化する「すごい」	⑪「コンビニ敬語」	⑫海を渡った日本語

※①〜⑫はあくまでも例です。

⑤選んだ本についての紹介文を書きなさい。

NHK総合テレビ「お元気ですか日本列島」、ラジオ第1「ラジオほっとタイム」の人気コーナー「ことばおじさんの気になることば」。全国の視聴者から寄せられたことばの疑問に"ことばおじさん"こと梅津正樹アナウンサーがわかりやすく答え、日本語について一緒に考えている。「超」「じゃん」「事故る」「コンビニ敬語」など、約50項目を収載している。

第5章 読んでみよう

【あらまし読みシート】　　　　　　　　　　　　　　　　年　　月　　日　提出

学籍番号	名　前	本への評価 ◎・○・△

①あなたは、なぜ、その本を手に取りましたか。

_____

②奥付（本の後ろ）にある「書誌情報」（「書名」「著者名」「発行年」など）をメモしなさい。

書　名：	
著者名（編集者名）：	出版社名（発行所名）：
発行年：	請求番号（本の背の下部ラベル）
新書名・シリーズ名など：	

③目次を見て、興味のある章の見出しを1つ書き写しなさい。

④題名・目次・表紙カバーの解説などから、その本を説明するのに必要な語句・表現（キーワード・キーセンテンス）を12拾い出しなさい。

①	②	③	④
⑤	⑥	⑦	⑧
⑨	⑩	⑪	⑫

⑤選んだ本についての紹介文を書きなさい。

_____
_____
_____
_____
_____

5-3 要約文を書く

　本を読んでその内容を紹介するとき、著者の主張を正確に伝える必要がある。しかし、「本」となるとかなりの文章量であり、どの部分をどれだけ取り上げればよいか、選ばなければならない。また、とりあげる各文も書かれているまま引用せずに、整理して述べる必要がある。かといって重要な部分は残さなければ主旨が伝わらなくなるおそれもある。限られた字数またはある程度の長さの範囲で、著者の論理展開の道筋も示しながら、導き出される主張・結論を正しく表現するのが「要約文」である。

1　要約文の書き方

　要約文の書き方は基本的に大きな流れをとらえ、中心文から支持文へと考えていく。本1冊の場合、1つの章の場合、新聞記事の場合など要約する分量に応じて考えなければならないが、具体的には以下の手順で行うとよい。

①大きな文章を小分けする。→　形式段落に分ける。
　意味段落ではなく、まずは形式的に段落分けする。分量が多い場合は大段落で分けるのもよい。各段落に番号を付けておく。本の場合は目次から全体の流れを見ることができる。各章のタイトルなども要旨を書くヒントになる。

②小分けした段落ごとの要旨をまとめる。
　キーワードを見つけると次の作業が容易になる。また、段落の要旨を端的に述べている文（中心文）を探し出し、それを支えている文（支持文）との関係を考える。新書などでは各章の中の節までは目次に出ているが、本文中、各節の中に見出しがあって、ある程度のまとまりが示されている。

③小分けした段落の中で中心となる段落を見いだす。
　筆者が最も言いたいことは何かを把握する。

④段落と段落のつながりを考える。
　段落間の関係や中心となる段落の位置づけを理解し、論理展開の道筋をつかむ。事実を説明する文章では時系列に沿った展開が多いが、筆者の主張を述べている文章ではいかにその主張を支持して行くのかを見極めなければならない。

⑤全体を一つの文章にまとめる。
　②で見つけたキーワードの中でも特に重要な語は組み入れるようにする。また、字数制限がある場合は文章の長さを考慮する。取り入れるばかりではなく、省けるものは省き、必要最小限の語句で表現することも重要なテクニックである。

　一般にどのような文章もほぼ①～⑤の手順で要約することができるが、新聞記事の場合はその性質上、別の注意も必要となる。新聞については次の章で詳述するが、要約に関してここで補足しておく。
　新聞記事は見出しやリード文からその内容をうかがい知ることができる。ただ、本文そのも

のに字数制限があり、体言止めや中止法といった手法が用いられることが多い。そのため、完全な文になっていないので、その文体のまま利用せず必ず自分で書き直すことが必要である。また、具体的な数字や直接話法によるインタビュー結果が示されることも多い。具体的な数値や時間、固有名詞などはそれらが要約文に必要かどうか、重要度を吟味したうえで引用を判断する。直接話法の部分が必要な場合は要約して間接話法に書き直す。

【練習問題】
❶ 新聞のコラム記事を形式段落に分け、それぞれの段落の中心文を探そう。
❷ ❶で分けた各形式段落がどうつながっているのかを確認しよう。
❸ 教材の文章（600字〜1000字程度）を中心文・支持文に注意して、3分の1程度の長さに要約してみよう。

2 要約文例

次の文は寺田寅彦「歌舞伎座見物」（『昭和文学全集3 寺田寅彦集』1952年、角川書店）の冒頭の第一段落である（一部表記を改変）。文章構成を考えて要約してみよう。

①二月の歌舞伎座を家族連れで見物した。

②三日前に座席をとったのであるが、二階の二等席はもう大体売り切れていて、右の方の一番はしっこにやっと三人分だけ空席が残っていた。

③当日となって行って見ると、その吾々の座席の前に補助椅子の観客が一杯並んで、その中には平気で帽子をかぶって見物している四十恰好の無分別男が居たりしたので、自分の席からは舞台の右半が大抵見えず、肝心の水谷八重子の月の顔ばせもしばしばその前方の心なき帽子の雲に掩蔽されるのであった。

④劇場建築の設計者が補助椅子というものの存在を忘れていたらしい。

解　説

この段落は①〜④の4文から構成されている。それぞれを要約する。

①歌舞伎座を見物した。
②右の端っこに何とか席が取れた。
③当日行くと座席の前に補助椅子が並び、帽子をかぶっている男のせいで舞台の右半が大抵見えなかった。
④劇場建築の設計者は補助椅子のことを考慮していなかったようだ。

全体を見ると①〜④が起・承・転・結の4段構成となっていることがわかる（各文の関係）。③は長い1文であるが、筆者のいいたいことは何かを的確に判断し、必要最小限の表現に努める。そのためにはキーワードを探し、省けるものは省く。

これら4文からこの段落全体の要約を考える。筆者の主張はどこにあるかを把握する。

5-4　2冊以上のテクストを読む

　大学では研究テーマを設定してレポートを書くことが多い。テーマは多岐にわたっており、身近なものばかりとは限らない。また、レポートは、いわゆる感想文ではないので、自分の思いつきや感想を書けばいいというものではない。

　また、与えられたテーマについて、さまざまな資料を探し、資料に書いてある事柄を整理して、問題についての理解を深め、さらに掘り下げていくことが求められる。

　これらの過程において、多くの学生が陥りやすいこととして、1冊の専門書に書かれていることを鵜呑みにし、その著者、説を妄信してしまうおそれが指摘されている。

　そこで、まず、表題にもある「2冊以上のテクストを読む」ことを解決策として提示する。

1　くらべ読み

　およそ似たテーマの本を2冊用意する。
　それぞれの共通点、相違点を比べて明らかにしてみよう。

---

❶書名を比べる
　『○○概説』など、全般的に取り上げたものか、具体的に事例を取り扱ったものかなどがわかる。

❷著者を比べる
　著者の職業や、ほかの著書などから、そのテクストを執筆した背景などがわかる。

❸出版年を比べる
　まず、古い順に並べてみる。テーマによってはある年代の前後でアプローチに違いが出ることもある。

❹目次を比べる
　目次は文献の全体構成を反映している。特に重点を置いて述べているところはページ数も多くなっている。

❺「はじめに」を比べる
　著者がその文献を執筆した動機など、テーマに関する姿勢が表れた文章が「はじめに」である。

❻キーワードを抜き出して比べる
　目次の章立てに使われる用語や文献の中で繰り返し使われている用語は、その文献の内容を表すキーワードである。キーワードをつなぎ合わせることで、その文献の内容紹介の文章ができるほどである。

	文　献　1	文　献　2
書　　名		
著　　者		
出 版 年		
目　　次		
はじめに		
キーワード		

2　2冊のテキストを使ってレポートにまとめる

ここではあるテーマを取り上げてレポートにまとめることを想定してその手順について述べよう。

①問題提起

まず、どのような問題について関心をもったか、何をみて（例えば新聞記事やニュースなど）疑問に感じたかなど、その問題を自分が取り上げる意図について明確にしておくことが求められる。

②資料探し

①のテーマ、問題について取り上げられている書籍や新聞記事などを集める。そのためには図書館をいかにうまく活用するかがカギを握っているといっても過言ではない。（詳しくは「2-2　資料を探す」を参照）

図書館には多様な種類の資料がそろっている。

一見身近には感じられなかった時事問題や国際問題などであっても、OPAC（Online Public Access Catalog）を利用することによってテーマごとに検索することもできる。また、各種の統計資料を利用することも重要である。政府刊行物の中に、多くの社会問題の解決の糸口ともなりうる統計資料がある。また、ネットを利用することによって、新聞記事を検索することも可能である。それらを利用することによって、社会で起きている事柄について、自分の経験だけで考えるのではなく、広い視野で見渡すことができるようになる。

このように、各種の資料を利用することによって、レポートが客観性をもったものになる。自分の主張を根拠を示して述べることになり、主観的な感想文の域を超えることができるわけである。

③レポート作成

いよいよ文章化の段階である。まず、構成を考える。

①問題提起
②文献1について
新たな発見：著者はテーマの事柄について、どのような主張をしているか。 新たな興味：はじめの問題提起の時にはわからなかった、新たな問題点はないか。
③文献2について
新たな発見：文献1と同じ主張の部分があるか、文献1とは違った主張をしているか。 新たな興味：はじめの問題提起の時にはわからなかった、新たな問題点はないか。
④考　　察
2冊の文献を通してどのようなことがわかってきたか。原文を引用しながら論点を深く掘り下げる。
⑤まとめ
考察を通してどのようなことがわかってきたか、簡潔にまとめる。

＊文献を読み進める中で、「新たな興味」など、初めにテーマについて予測していた内容とは異なる新たな視点が発見できた場合などは改めてレポートの構成を考え直すことも重要である。

次ページに、2冊のテキストを参考にしてレポートをまとめる場合のフォーマットを示す。

①はじめに	
レポートのテーマについて、テーマ設定の理由などを述べる。	
②テクストに関する概要	
● 2-1　テクスト①（著者名『書名』を記す）の概要。　　　テクスト①の書誌事項からわかる特徴をまとめる。　　　著者の立場や背景などからわかることがある。　　　テクスト①の内容をまとめる。	
● 2-2　テクスト②（著者名『書名』を記す）の概要　　　テクスト②の書誌事項からわかる特徴をまとめる　　　テクスト②の内容をまとめる	
③考　　察	
● 3-1　テクスト①・②の共通点を述べる。	
● 3-2　テクスト①・②の相違点を述べる。	
● 3-3　明らかになったことについてまとめる。　　　類似のテーマであっても、著者によってアプローチの仕方がかなり異なっていることに気がつくだろう。　　　それぞれの特徴を考察に生かしていくことがレポートにとって特に大切である。	
④おわりに	
「はじめに」で述べた問題提起にこたえる形で、考察を簡潔にまとめる。　新たに見えてきた事柄、展望にも触れる。	
【引用文献】	
①著者（出版年）『書名』出版社　②著者（出版年）『書名』出版社	

第6章　新聞を読もう

6-1　社会問題に関心をもとう

　今、情報化社会といわれ、世の中には多くの情報があふれている。しかし、学生のみなさんはどのくらい社会で起きていることに関心をもっているだろうか。住んでいる市町村のことはもちろん、日本の政治のこと、経済の動向、働く職場の問題、教育で今問題になっていることなど、責任ある社会人であるためには、日頃から新聞を読んで情報を増やしておく必要がある。現代では、新聞ばかりではなく、テレビ・ラジオやインターネットなどのツールもあるが、それぞれの利点、欠点がある。それぞれの利点を生かして情報化社会を乗り越える技術を身につけていくことを狙いとする。

【練習問題1】
次のメディアの長所と短所をそれぞれ説明しなさい。

	長　所	短　所
❶雑　誌		
❷新　聞		
❸テレビ・ラジオ		
❹インターネット		

　新聞は、相対的に多くの情報を盛り込むことが可能である。また、いつでも、何度でも読み返すことができるツールである。さらに、同じ記事でも新聞社によってとらえ方が異なるため、比較読みをすることもできる。確かに、テレビニュースでも録画をして比較することは可能であろうが、まずこのようなことはしない。複数の新聞を手に取って比べてみるほうが簡便でもある。最近では、インターネットによるニュースの配信も注目されている。迅速に伝えられる強みがあり、紙媒体を使わないところも魅力である。

　また、現代人として知っておくべき用語の基礎知識を蓄積することも大切なことである。新しく出てきた用語には解説が加えられることが多い。その都度知識を蓄えておく必要がある。今更恥ずかしくて聞けないという話をよく聞く。そのようなことがないように気をつけたい。ニュースに出てくる用語に詳しくなることは、現代社会を生きる一人の人間として、必要不可欠な教養の力となる。

新聞の構成

日本の新聞には、『朝日新聞』『毎日新聞』などの全国紙のほかに、各地方のニュースに詳しい地方紙といわれるものがある。中部地方では、『中日新聞』や『岐阜新聞』『静岡新聞』などである。それぞれの特性を理解し、読み比べるとよい。

① 1面は新聞の顔

題　字	『中日新聞』『朝日新聞』『毎日新聞』など右肩に四角の囲みで書いてある。
日　付	
トップ記事	題字の横に大きく取り上げられている記事。
今日の紙面	全体の目次のようなもの。
天気予報	
コラム	『朝日新聞』の「天声人語」などが有名で、ベテランの記者が書いている。

② その他のページ

総　合	政治・経済・国際関係の記事など幅広く扱う。その日の重大ニュースを取り上げる。
社説・発言	今問題となっている事柄について、新聞社としての考えを述べる社説。読者からの投稿欄で構成されている。
経　済	産業界のニュースを取り上げる。
国　際	アジア、アメリカなど、世界の情勢が紹介される。
証券・金融	金融関係の情報が国内外を問わず、取り上げられる。また、株価の一覧も載っている。
文　化	芸術、文化に関するニュースが取り上げられる。催しを新聞社が後援していることも多い。
愛　知	地域のニュースを取り上げる。
スポーツ	野球、テニスなどスポーツの記事を取り上げる。
健康・医療	生活に役立つ医療関係の情報、健康づくりなどの記事を取り上げる。
社　会	事件、事故など、身近なニュースを取り上げる。
テレビBSラジオ	テレビ、ラジオの番組解説を載せる。

③ 新聞から何を学ぶか

・カタカナ語や漢字の意味、用法を知る	**語彙力**を増やす
・社会で起きている出来事を知る	**知識量**を増やす
・記事や投書に対する自分の考えをまとめる	**思考力**を鍛える
・テーマを決めてスクラップをする	**探求心**を深める
・複数の新聞を比較して、報道の違いを知る	客観的な**判断力**を身につける

【練習問題2】次の記事を探してみよう

❶記事A：言葉の意味を調べよう …………………………… キーワード解説のある記事

❷記事B：内容を要約しよう …………………………… 社説など論説記事

❸記事C：自分の意見を文章にしよう …………………………… 複数の筆者の対比記事

❹記事D：報道の違いを話し合おう …………………………… 同一テーマの新聞社比較

6-2 新聞記事の構成を知る

1 新聞記事は「見出し」「リード文（前文）」「本文」で構成

見出し
記事の内容が一目でわかる究極の要約。記事の題にあたり、結論を短くまとめている。見出しの大きさで、ニュースの重要性も示している。
リード文（前文）
記事の内容をわかりやすく簡潔にまとめたもの。大きな記事の場合に、本文の前につけられる。
本　文
重要な内容から順に書いてある。また、記事には 5W1H（When, Where, Who, What, Why, How）が必要である。この要素に注目して記事を読むことで、記事が伝えたいことが理解しやすくなる。

2 「逆ピラミッド型（逆三角形型）」に注目する

新聞記事の構成は逆ピラミッド型になっている。大事なことから書いてあるため、時間がないときには「見出し」と「リード文」を読むだけでも記事の概略をつかむことができる。

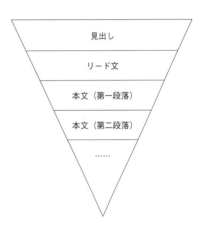

3 新聞記事の要約

新聞記事の構成を確認したら、実際の新聞記事（☞次頁）を読んで、要約に挑戦してみよう。

次の記事は、以下のような構成になっている。

見出し	A：家庭の預貯金や株は最高…でも
	B：単身20代の6割　資産ゼロ
	C：「黒田緩和」3年　広がる格差

リード文	C：国民の間で預貯金や株式など金融資産を持つ人と、持たない人の格差が広がっている。日銀が黒田東彦総裁のもとで大規模な金融緩和政策にかじを切ってから、四日で丸三年。
	A：日銀が先月末まとめた「資金循環統計」によると、二〇一五年末の過程全体の金融資産は千七百四十一兆円と金融緩和前の一二年から百七十四兆円拡大し過去最高を更新。
	B：だが、一方で日銀アンケートでは「金融資産を持たない」と答えた人も単身世帯で47.6％と過去最高に達した。

本文	第一段落　C：世の中に出回るお金の量を増やすことで……
	第二段落　A：資金循環統計によると、家庭の金融資産で顕著に増えたのは……
	第三段落　A：日銀が事務局を務めるアンケート……
	第四段落　B：一方、同アンケートでは預貯金など金融資産……
	第五段落　新：格差問題に詳しい京都女子大の橘木俊詔客員教授は、……

中日新聞　2016年（平成28年）4月4日（月曜日）

家庭の預貯金や株は最高…でも

単身20代の6割 資産ゼロ

「黒田緩和」3年 広がる格差

国民の間で預貯金や株式など金融資産を持つ人と、持たない人の格差が広がっている。日銀が黒田東彦総裁のもとで大規模な金融緩和政策にかじを切ってから、四日で丸三年。日銀が先月末まとめた「資金循環統計」によると、二〇一五年末の家庭全体の金融資産は千七百四十一兆円と過去最高を更新。だが、一方で日銀アンケートでは「金融資産を持たない」と答えた人も単身世帯で47・6％と過去最高に達した。

＝円安　単身世帯に打撃❸面

世の中に出回るお金の量を増やすことで、経済の底上げを狙った黒田緩和だが、経済格差は逆に拡大したことを日銀自体の統計が示している。

日銀が事務局を務めるアンケート「家計の金融行動に関する世論調査」（昨年十一月公表）でも、金融資産を持つ二人以上世帯の保有額の平均は、千八百九十万円と三年間に二百八十九・9％と過去最高水準に。特に単身世帯で30万円増えている。一方、同アンケートでは「金融資産なし」の割合が高く、中でも二十代では62・6％にのぼった。金融資産が減った理由について、最も多かったのは「収入が減って金融資産を取り崩したから」との回答。円安で食品などの物価は上がっている一方、賃金上昇は追いついておらず、預貯金を減らした人が多かったようだ。

「資金循環統計」によると、家庭の金融資産で顕著に増えたのは株式で、一二年末に比べ53％増え、百六十九兆円に膨らんだ。黒田緩和により、円安が進展。輸出を中心に株価が上がったことで、株を持つ家庭の資産が膨らんだ。

黒田緩和　安倍晋三首相が任命した黒田東彦日銀総裁が主導する大規模な金融緩和。2013年4月に国債の大量買い入れによる金融緩和を発表したのに続き、14年秋には追加緩和を実施。今年2月には銀行が日銀に預ける預金に事実上の手数料を課す「マイナス金利」政策を導入した。

格差問題に詳しい京都女子大の橘木俊詔客員教授は、若年層で預貯金を持たない層が増えていることについて「低所得の非正規雇用が増えていることが影響している」と指摘。一橋大経済研究所の小塩隆士教授は「安倍政権になって所得格差が拡大する兆しがあり、富裕層への課税強化など是正策も必要だ」と話している。

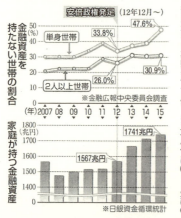

金融資産を持たない世帯の割合
安倍政権発足（12年12月～）
単身世帯 33.8% → 47.6%
2人以上世帯 26.0% → 30.9%
※金融広報中央委員会調査

家庭が持つ金融資産
1567兆円 → 1741兆円
※日銀資金循環統計

『中日新聞』2016年4月4日　朝刊1面

①キーワードを見つける

　記事の主題を表すキーワードを見つけよう。キーワードは、見出しに含まれていることが多い。今回の記事では、「（金融）資産」「格差」がキーワードである。

②中心文を見つける

　各段落の中心文を見つけよう。関連する見出しや、リード文の内容と対応させると探しやすい。今回の記事では、以下の文が、各段落の中心文である。

第一段落	世の中に出回るお金の量を増やすことで、経済の底上げを狙った黒田緩和だが、経済格差は逆に拡大したことを日銀自体の統計が示している。
第二段落	資金循環統計によると、家庭の金融資産で顕著に増えたのは株式で、一二年末に比べ53％増え、百六十九兆円に膨らんだ。
第三段落	日銀が事務局を務めるアンケート「家計の金融行動に関する世論調査」でも、金融資産を持つ二人以上世帯の保有額の平均は、千八百十九万円と三年間に二百八十万円増えている。
第四段落	一方、同アンケートでは預貯金など金融資産を「保有していない」と答えた人が二人以上の世帯で30.9％と過去最高水準に。
第五段落	格差問題に詳しい京都女子大の〜。一橋大経済研究所の〜。

③表現を整える

　中心文をつなげて、表現を整えれば、要約文の完成である。その際に、以下の点に留意しよう。

> ㋐記事に出てくる数字や固有名詞は、要約に必要な情報かどうか検討する
> ㋑内容的に重複する部分があれば省略し、足りなければ他の部分から補充する
> ㋒指定の文字数に余裕があれば、詳細な内容も記述する
> ㋓文同士の意味的な繋がりがわかりやすいように、接続詞を使用する
> ㋔話し言葉の使用や文のねじれ、体言止めの使用、60字以上の文がないか確認し、全体を整える

④要約をする

> 　世の中に出回るお金の量を増やすことで、経済の底上げを狙った黒田緩和によって、経済格差は拡大した。
> 　家庭の金融資産のうち、株式は12年末に比べ53％増えた。金融資産を持つ２人以上世帯の保有額の平均も、増えている。しかし、預貯金など金融資産を「保有していない」と答えた人も過去最高に達している。格差拡大の原因として、非正規雇用の増加が指摘されており、格差是正のために富裕層への課税強化が求められている。（198文字）

第7章　敬語を使おう

　敬語の使用は、相手とのコミュニケーションを円滑にはかるための１つの手立てといえる。中学校・高校の授業で敬語を習ったという学生は多いだろうが、日常生活のなかで適切に敬語を使用することができると自信をもっていえる学生は少ないだろう。しかし、社会人ともなれば、敬語の知識は身につけていて当然のこととみなされる。この章では「話す」敬語と「書く」敬語を、敬語を使用する場面ごとに分けて解説する。「7-1　話しことばの敬語」では、敬語の基礎知識を確認した上で、電話のかけ方などの実践的な場面を想定し、演習をおこなう。「7-2　書きことばの敬語」では、手紙を書く場面を想定し、改まった手紙の書き方を習得するとともに、適切な敬語表現を用いて実際に手紙を作成する演習をおこなう。「話す」「書く」、どちらの場面においても適切に敬語を用いて表現することができるよう、演習を通して実践的な表現力を身につけることをねらいとする。

7-1　話しことばの敬語

1　敬語の重要性

　敬語における基本的な考え方や具体的な使い方をまとめた「敬語の指針」(2007)では、敬語の重要性について、以下の２点を挙げている。

> ❶相手や周囲の人と自分との間の関係を表現するものであり、社会生活の中で、人と人がコミュニケーションを円滑に行い、確かな人間関係を築いていくために不可欠な働きをもつ。
> ❷相手や周囲の人、その場の状況についての、言葉を用いる人の気持ち(「敬い」「へりくだり」「改まった気持ち」など)を表現する言語表現として、重要な役割を果たす。

　つまり、敬語とは、自分を取り巻く関係を円滑にするための表現であり、かつ自己表現の役割をも果たすものであるといえる。

2　敬語の種類

　「敬語の指針」では、敬語を５つに分類している。それぞれの敬語を理解した上で、適切に使い分けられることが求められる。

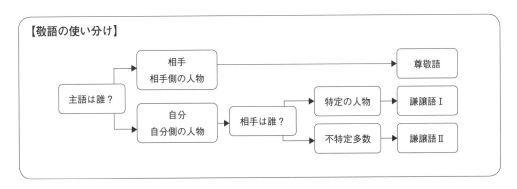

①尊敬語

相手側又は第三者の行為・ものごと・状態などについて、その人物を立てて述べる語である。立てる人物が主語にあたる。

【例1】

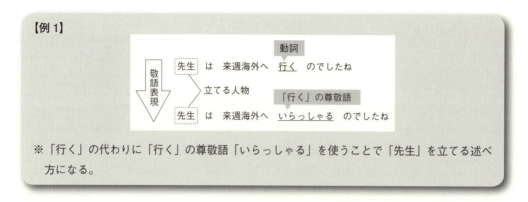

※「行く」の代わりに「行く」の尊敬語「いらっしゃる」を使うことで「先生」を立てる述べ方になる。

【尊敬語の動詞など】

ⓐ言い換え型（動詞→尊敬語）		ⓑ「お（ご）〜になる」、「お（ご）〜なさる」型		ⓒ尊敬を表す助動詞「れる」「られる」型	
【例】行　く	➡いらっしゃる	【例】使　う	➡お使いになる	【例】読　む	➡読まれる
言　う	➡おっしゃる	利用する	➡ご利用になる	始める	➡始められる
す　る	➡なさる	※「……（て）くださる」も使用する。		※「れる」「られる」は他に受身・可能・自発などの意味もあるため、敬意の程度は高くない。	
食べる	➡召し上がる				

【尊敬語の名詞】

ⓐ「お」「ご」などの接頭語をつける型		ⓑ「様」「氏」などの接尾語（敬称）をつける型		【尊敬語の形容詞など】	
				「お」「ご」をつける	
【例】名　前	➡お（御）名前	【例】山田	➡山田様	【例】忙しい	➡お忙しい
住　所	➡ご（御）住所	川井	➡川井氏	立派な	➡ご立派な
会　社	➡御社（話しことば）・貴社（書きことば）	課長の鈴木	➡鈴木課長		
		樋口（女性）	➡樋口女史		
他人の兄	➡賢兄	ⓒ接頭語と接尾語の両方をつける型			
心遣い	➡御芳志	【例】一　行	➡御一行様		
原　稿	➡玉稿	相手の父親	➡御尊父様		

面と向かった相手には名前がわかっている場合は「○○様」のように名前を言う。役職名（例「校長先生」）も良い。名前がわからない場合は相手との関係（例「お客様」「お宅様」「そちら様」などが使える。ただし日本語の「あなた」は外国語の二人称とは異なり、同等以下に対する丁寧な言い方で目上には使えない。「あなた様」は良いが、連続して使わない方が良い。

②謙譲語Ⅰ

　自分側から相手側又は第三者に向かう行為・ものごとなどについて、その向かう先の人物を立てて述べる語である。換言すれば、自分側の行為を低めることで立てる人物を高めるのが謙譲語Ⅰである。自分や自分の身内など自分側の人物が主語にあたる。

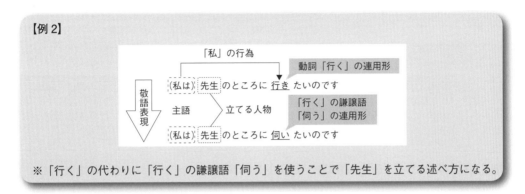

【謙譲語Ⅰの動詞など】

ⓐ言い換え型（動詞→謙譲語）		ⓑ「お（ご）～する」型			
【例】行　く	➡伺　う	【例】届ける	➡お届けする	案内する	➡ご案内する
言　う	➡申す・申し上げる	迎える	➡お迎えする	説明する	➡ご説明する
与える・やる	➡差し上げる	※「お（ご）～（て）いただく」、「～（さ）せていただく」、「お（ご）～差し上げる」なども使用する。			
		招　く	➡お招きいただく	案内する	➡ご案内差し上げる
会　う	➡お目にかかる				

【謙譲語Ⅰの名詞】

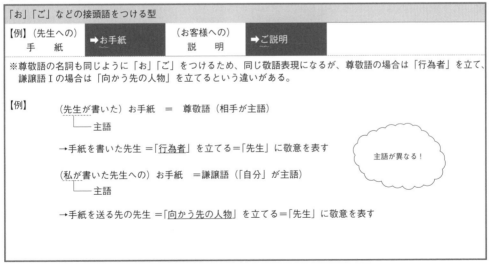

③謙譲語Ⅱ

　自分側の行為・ものごとなどを、話や文章の相手に対して丁重に述べる語である。謙譲語Ⅰは特定の人物を高める働きがあるが、謙譲語Ⅱはそのような働きはなく、不特定多数の人物に対して丁重さを表す働きをもつ。

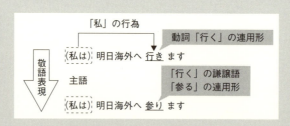

※「行く」の代わりに「行く」の謙譲語「参る」を使うことで、自分の行為を話の聞き手や文章の読み手に対して改まった言い方で述べることになり、これが丁重さをもたらすことになる。このように、「参る」は聞き手や読み手＝不特定多数の人物に対する敬語として働く。

●事物が主語の場合にも謙譲語Ⅱは使われる

【例】

① 私は明日から海外に参ります　＝「自分」の行為
② （私の）息子は明日から海外に参ります　＝「自分側の人物」の行為
③ バスが参りました

　③では、「自分側」の行為ではない点は、①②と異なるが、「話の聞き手や文章の読み手に対して丁重に述べる」という働きを果たしている点は、①②と同様である。事物についても、謙譲語Ⅱを使うことができる。

【謙譲語Ⅱの動詞など】

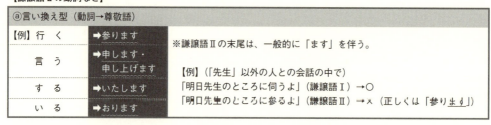

【謙譲語Ⅱの名詞】

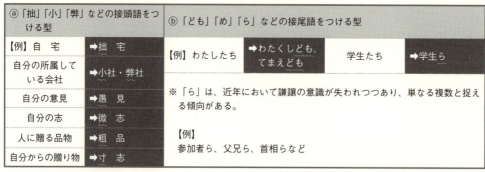

④丁寧語

話や文章の相手に対して丁寧に述べる語である。該当語例は「です」「ます」「ございます」である。

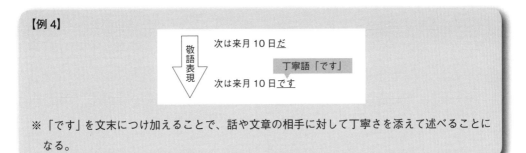

※「です」を文末につけ加えることで、話や文章の相手に対して丁寧さを添えて述べることになる。

⑤美化語

ものごとを、美化して述べる語である。一般的には名詞に「お」「ご」をつける。

※「お酒」は、尊敬語である「お導き」「お名前」などとは異なり、「行為者」や「所有者」を立てるものではない。また、謙譲語Ⅰである「(先生への)お手紙」とも異なり、特定の人物を立てるものでもない。さらに、謙譲語Ⅱや丁寧語とも異なって、相手に丁重に、あるいは丁寧に述べているということでもない。すなわち、「お酒」は、「酒」という言い方と比較して、「ものごとを、美化して述べている」のだと見られる。

※言い換えの美化語(通常語→美化語)
醤油 ➡ むらさき　　漬け物 ➡ 香の物　　便所 ➡ お手洗い

3　敬語使用の留意点

敬語を使用する際には、以下の点に留意し、敬語を適切に運用する。

①自分側(自分の家族、所属する会社の人)を立てない

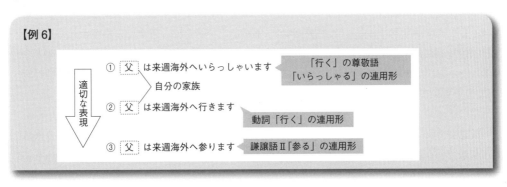

※①の場合、尊敬語「いらっしゃる」を使うことで、自分の家族である「父」を立ててしまうことになる。自分側のことについて述べる場合は、自分側を「立てる」結果になるような敬語は使わずに表現するのが一般的な述べ方である【②の述べ方】。ただし、自分側のことを述べるために使うふさわしい敬語（謙譲語Ⅱ）を使うと、相手に対する丁重な述べ方になる【③の述べ方】。

【例7】

①明日　父　のところへ　伺い　ます　←「行く」の謙譲語／「伺う」の連用形
　　　　↓
　　　自分の家族

②明日　父　のところへ　行き　ます　←動詞「行く」の連用形

③明日　父　のところへ　参り　ます　←謙譲語Ⅱ「参る」の連用形

（適切な表現）

※①の場合、謙譲語「伺う」は「向かう先の人物」を立てる働きをもつため、自分の家族である「父」を立てることになる。ここでも自分側のことについて述べる場合は、自分側を「立てる」結果になるような敬語は使わずに表現するのが一般的な述べ方である【②の述べ方】。ただし、自分側のことを述べるために使うふさわしい敬語（謙譲語Ⅱ）を使うと、相手に対する丁重な述べ方になる【③の述べ方】。

②過剰敬語の使用は控える

　敬語は頻繁に使われ慣用的になってしまうと、敬語本来の機能を果たすことができなくなる傾向がある。つまり、敬語を使用していても、敬意を払っていることにならないというのである。そこで、敬語表現を重ねて二重、三重に敬語を使うということになり、過剰敬語の問題が生じるのである。過剰敬語は誤用といえる場合があるとともに、過度に敬語を使用することでかえって相手に慇懃無礼な印象を与える場合もある。以下に、過剰敬語の例を挙げておく。

【例8】尊敬語の過剰敬語
❶お酒は召し上がりますか
❷お酒は召し上がられますか
❸お酒はお召し上がりになりますか
❹お酒はお召し上がりになられますか

①は「飲む」の尊敬語「召し上がる」を使っているため、敬意を払った表現であるといえる。②は尊敬を表す助動詞「れる」が添加され、二重敬語といえるが、近年では許容されつつある。③は「召し上がる」を「お～になる」型へ変形させた表現を用いており、これも二重敬語といえる。ただし、この表現も現在は許容されつつある。④は③の表現にさらに尊敬を表す助動詞「れる」を用いており、誤用といえる。

　上記の例からも明らかなように、ことばは変化し続けるため、敬意を払う表現であってもその機能が薄れていき、認められなくなるということもありうる。すると、それまでは過剰敬語とされていた表現を使用しないとかえって尊大に受け取られてしまうことにもなりかねない。

つまり、敬語に関する言語的センスは常に磨き続けなければならないのである。

次に、謙譲語における過剰敬語を確認する。

【例9】

昨日、映画を観に行った
　　　↓　　へりくだった表現
× 昨日、映画を観させていただきました
○ 昨日、映画を観に参りました　←　動詞「行く」の謙譲語「参る」

「～（さ）せていただく」
相手から働きかけがあった場合に使う。
※相手から映画のチケットをもらって映画を観に行った場合であれば、この表現で問題ない。

自分のことについて謙譲語を用いて表現する場合であっても、過度に敬語を使い過ぎると相手に慇懃無礼な印象を与えかねないため、注意が必要である。

※「～（さ）せていただく」を使い過ぎるのはよくない。ただし、この表現を用いないと謙譲語にならないことばもあるため、他の謙譲語を併用しながら適切に表現することを心掛ける必要がある。

4　誤った敬語の使い方

①目上の人に使ってはならない表現がある

敬語表現としては間違っていなくても、目上の人に使うと失礼にあたる表現がある。相手を不快な気持ちにさせないためにも、適切な表現を選んで話すことが重要である。

【例10】目上の人に対して失礼にあたる表現例

×失礼な表現	○適切な表現例
×ご苦労さまです	○お疲れさまです
→「ご苦労さま」は、基本的には自分側のために仕事をしてくれた人に対して「ねぎらい」の気持ちを込めて用いる表現である。「ねぎらい」は上位者から下位者に向けたものとなるため、目上の人に対しては用いないほうがよい。	
×部長はフランス語もお出来になるのですか	○部長はフランス語もお話しになりますか
×部長はフランス語もお話しになるのですか	
×コーヒーをお飲みになりたいですか	○コーヒーをお飲みになりますか
	○コーヒーはいかがですか
→上位者に対して、その能力や願望を直接尋ねている点に問題がある。事実を問う形にするなど直接的な表現を避けて問いかけるようにするとよい。	

②慣用句の一部を敬語表現にしてはならない

敬語を使い慣れない時期には、慣用句の一部までも敬語表現にしてしまう場合がある。慣用句はそれ自体で１つのことばであるため、敬語表現に言い換えてはならない。敬意を払った表現にしたい場合は、別のことばに置き換える。

【例11】慣用句の一部を敬語表現にした誤用例

×誤った表現	○適切な表現例
×重い口をお開きになりました〈重い口を開く〉	○心中をお話しくださいました
×その噂は根も葉もございません〈根も葉もない〉	○その噂は何も根拠がございません
×道草を召し上がりました〈道草を食う〉	○寄り道をなさいました

③マニュアル敬語（バイト敬語）に注意する

　「マニュアル敬語」とは、職場での言語使用、特に接客の場面での言語使用について具体的な言語表現などを示すもので、新入職員や臨時職員の指導に用いられるものを指す。ここでは「マニュアル敬語」がすべて不適切な表現であると指摘するのではなく、注意喚起が目的である。というのも、どのような時にでも、どのような相手にでも、マニュアルに提示された敬語を画一的に使うことは、相手にかえって不快な思いをさせたり、その場にそぐわない過不足のある敬語になってしまったりすることにつながりやすいからだ。マニュアルに提示された敬語を使用する際には、そこに示された内容を唯一絶対のものとして扱うことを避けることが重要といえる。また、いわゆる「マニュアル敬語」には、敬語表現として不適切なものもある。以下に、その例を挙げる。

【例12】マニュアル敬語（バイト敬語）の誤用例

×誤った表現	○適切な表現例
×ご注文の品はおそろいになりましたか	○ご注文の品はそろいましたでしょうか
	○ご注文の品は、以上でよろしいでしょうか
×コーヒーになります	○コーヒーでございます
×お弁当のほうは温めますか	○お弁当は温めますか
×1万円からお預かりします	○1万円をお預かりします

5　敬意の程度

　ひと口に敬語といっても、表現の仕方により敬意の程度（レベル）が異なる。相手との関係や場面によって、適切に使い分ける必要がある。

【例13】

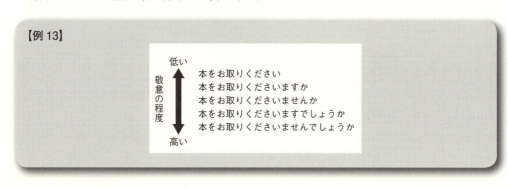

一般的には、肯定形より否定形のほうがより丁寧で、言い方が長くなればなるほど敬意の程度も高くなると考えられている。【例13】でいえば、「お取りくださいませんでしょうか」という言い方が最も敬意の高い表現ということになる。「〜ください」は丁寧な命令と認識し、目上の方には使わないようにする。

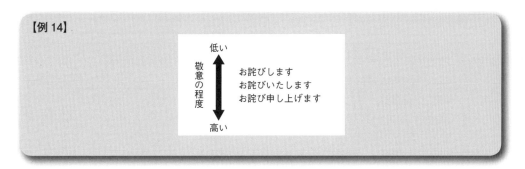

謙譲語についても、敬意の程度がある。「いたす」よりも「申し上げる」のほうが敬意の程度は高い。

6　クッションことば

人間関係を円滑にするためのコミュニケーションスキルの1つに「クッションことば」の使用がある。依頼や断りなどの場面で、相手になるべく不快な思いをさせないようにするために添えることばである。以下に、「クッションことば」の例を挙げる。

【例15】クッションことば例

場　面	クッションことば①	クッションことば②
依頼の場面	たいへん 誠に	・恐れ入りますが ・恐縮ではございますが ・お手数をおかけいたしますが ・失礼ではございますが ・申し訳ございませんが ・ご面倒ですが
断りの場面	はなはだ	・あいにくですが ・申し訳ございませんが ・せっかくのことではございますが ・残念ではございますが
その他	非常に	・失礼ですが ・よろしければ ・お差し支えなければ

※場面の状況に応じてクッションことば①を加え、表現する。

【練習問題1】
次の動詞を敬語表現に言い換えなさい。

動　詞	尊　敬　語	謙　譲　語
来　る		
行　く		
言　う		
見　る		
聞　く		
す　る		
い　る		
買　う		
もらう		
教える		
食べる		
書　く		
読　む		
座　る		
待　つ		
着　る		

【練習問題 2】
次の文のうち敬語の使い方が適切ではない箇所に下線を引き、適切な表現に改めなさい。

❶【教員に対して】
先ほど、先生がご説明した点がよくわかりません。

_____

❷【教員に対して】
私がおっしゃった意見は見当違いでしょうか。

_____

❸【教員に対して】
お昼をお食べになりましたか。

_____

❹【先輩に対して】
お母さんは元気ですか。

_____

❺【プレゼンテーション時に聞き手に対して】
○○大学 1 年の名古屋桜子です。

_____

❻【お客様に対して】
この色はどうですか。

_____

【練習問題3】
次の文のうち敬語の使い方が適切ではない箇所に下線を引き、適切な表現に改めなさい。

❶明日、先生は大学にみえますか。

_____

❷先生は今回の不祥事を存じ上げておりません。

_____

❸父が大学図書館が所蔵している資料をご覧になりたいと言っていました。

_____

❹粗品をいただいてください。

_____

❺営業時間内にお伺いください。

_____

❻ご不明な点があれば、お聞きになってください。

_____

❼先生からメールをもらいました。

_____

❽東京から伯父が参られました。

_____

❾どのサイズのバッグにいたしますか。

_____

❿スクールバスがいらっしゃいました。

_____

❶こちらの車両にはご乗車できません。

❷先生のご本を拝読させていただきます。

❸ご注文の品は以上でよろしかったでしょうか。

❹お皿のほうお持ちしました。

❺こちらビールになります。

❻お飲み物は大丈夫ですか。

【練習問題4】
次の電話対応は不適切といえる。適切な表現に改めなさい。

❶間違い電話がかかってきたとき
「どこへおかけでしょうか。こちらは〇〇〇です」。

❷しばらくしてから電話をとるとき
「お待たせしてごめんなさい。〇〇でございます」。

❸声が遠くて聞きとりにくいとき
「申し訳ございません。もう少し大きな声でお願いします」。

❹お客様からの電話が武田部長席にある電話機にかかってきた。武田部長の秘書である山田英子がとるとき、「はい、部長秘書英子です。武田部長は外出していらっしゃいます」。

_____

❺上司に電話をつなぐとき
「英子です。〇〇様から△△の件で電話がかかっています」。

_____

【練習問題5】
❶次の会話は、飲食店（フレンチレストラン「メルシィ」）にお客様から予約の電話がかかってきた際の、店員とのやりとりである。あなたがこのお店に就職したと想定し、下線部にあてはまる電話応対の表現を答えなさい。

【電話が鳴る】
店員：はい、フレンチレストラン「メルシィ」_____。

客：予約をしたいのですが。

店員：_____。
客：12月1日の6時半です。

店員：はい、_____。

_____。

客：6名です。
店員：かしこまりました。

_____。

客：桜田です。連絡先は、090の1234の5678です。

店員：_____。

　　　それでは、_____。
客：お願いします。

店員：_____。

❷あなたが来店する客と仮定し、このお店に予約をする場合の電話対応の表現を答えなさい。なお、以下の予約の条件については、教員の指示に従うこと。

予約の条件	
人　数	
予　算	
食物アレルギーの有無	
駐車場の有無	

【練習問題6】

次の会話は就職の面接を受けた企業から採用結果の通知が学生の携帯電話にかかってきた際の、学生と先方のやりとりである。学生があなたと想定し、次頁の設問に答えなさい。

【電話が鳴る】
学生：はい、＿＿＿＿＿＿＿＿＿＿＿＿＿＿＿＿＿＿＿＿＿＿＿＿＿＿＿＿＿＿＿＿。

先方：△△出版、採用担当の山田です。いま、お電話よろしいですか。
学生：はい、大丈夫です。※
先方：先日はご足労いただき、ありがとうございました。
　　　選考の結果、〇〇さん（あなたの名前）の採用が決まりました。

学生：＿＿＿＿＿＿＿＿＿＿＿＿＿＿＿＿＿＿＿＿＿＿＿＿＿＿＿＿＿＿＿＿＿＿＿。
先方：つきましては、お渡ししたい書類がございますので、明後日の8月2日に弊社までお越しいただきたいのですが、ご都合はよろしいでしょうか。

学生：＿＿＿＿＿＿＿＿＿＿＿＿＿＿、2日はゼミの合宿があり、＿＿＿＿＿＿＿＿＿＿＿＿＿

＿＿＿＿＿＿＿＿＿＿＿＿＿＿＿＿＿＿＿＿＿＿＿＿＿＿＿＿＿＿＿＿＿＿＿＿＿＿。
8月5日にお願いできますでしょうか。

先方：わかりました。では、8月5日の10時に弊社までお越しください。当日は印鑑をお持ちください。
学生：＿＿＿＿＿＿＿＿＿＿＿＿＿＿＿＿＿＿＿＿＿＿＿＿＿＿＿＿＿＿＿＿＿＿＿＿

＿＿＿＿＿＿＿＿＿＿＿＿＿＿＿＿＿＿＿＿＿＿＿＿＿＿＿＿＿＿＿＿＿＿＿＿＿＿。

❶下線部にあてはまる電話応対の表現を答えなさい。
❷※の応対時に、周りがうるさい場合はどのような行動をとることが適切か。その場合、先方にはどのような言い方をすればよいかを答えなさい。

とるべき行動：＿＿＿＿＿＿＿＿＿＿＿＿＿＿＿＿＿＿＿＿＿＿＿＿＿＿

言い方：＿＿＿＿＿＿＿＿＿＿＿＿＿＿＿＿＿＿＿＿＿＿＿＿＿＿

【練習問題7】
「クッションことば」を用いて、以下の場面で適切な表現を答えなさい。

❶アルバイト先の先輩に自分の休みと先輩の休みとを替えてもらいたい場合

＿＿＿＿＿＿＿＿＿＿＿＿＿＿＿＿＿＿＿＿＿＿＿＿＿＿＿＿＿＿＿＿＿＿

❷アルバイト先の先輩に仕事を頼まれたが、予定があり仕事ができない場合

＿＿＿＿＿＿＿＿＿＿＿＿＿＿＿＿＿＿＿＿＿＿＿＿＿＿＿＿＿＿＿＿＿＿

❸お客様に名前をウェイティングシートに記入してもらう場合

＿＿＿＿＿＿＿＿＿＿＿＿＿＿＿＿＿＿＿＿＿＿＿＿＿＿＿＿＿＿＿＿＿＿

❹あまり親しくない学生に課題について教えてもらいたい場合

＿＿＿＿＿＿＿＿＿＿＿＿＿＿＿＿＿＿＿＿＿＿＿＿＿＿＿＿＿＿＿＿＿＿

【参考文献】
内藤京子（2015）『敬語1分ドリル図解　正しい言葉づかいがラクラク身につく！』青春出版社
名古屋大学日本語研究会GK7（2009）．『スキルアップ！日本語力―大学生のための日本語練習帳』東京書籍
NIKKEI STYLE「「よろしかったでしょうか」実は正しいバイト敬語」日本経済新聞社　日経BP社　http://www.nikkei.com 2015年1月5日閲覧
文部科学省ホームページ（2007）文科審議会答申「敬語の指針」（平成19年）文部科学省 http://keigo.bunka.go.jp/guide.pdf 2016年1月5日閲覧
速水博司（2008）『大学生のための敬語速修ノート』蒼丘書林
米田明美・山上登志美・藏中さやか（2010）『大学生のための日本語実践ノート 改訂版』風間書房

7-2 書きことばの敬語：手紙を書こう

1 手紙を書こう

現代は、電話や電子メールの普及によって、コミュニケーションの方法もさまざまであるが、目上の人やそれほど親しくない人にメールで済ませることができるだろうか。親しい間柄でも、就学祝いや招待状など、いくつかのシチュエーションでは手紙が求められる。手紙は、依頼やお詫び、お礼などを伝えるには、礼儀にかなった優れたコミュニケーション手段である。パソコン印刷や、メールの文字による手紙に馴れた昨今でも、心がこもっているという点では手書きの手紙に優るものはない。

手紙には、大きく分けて縦書きで書く社交的な手紙と、横書きで書くビジネス文書がある。この章では、お祝い、報告、依頼、お詫び、お見舞いなど日常生活におけるさまざまな状況で出す社交的な手紙の書き方を学ぼう。

2 感じのよい手紙の心得

手紙は、返信を求められたらすぐに出すといったように、タイミングが大切である。慶弔の手紙や礼状もタイミングよく、できるだけ早く出すようにする。個性的で心のこもった手紙の方が形式張ったものより喜ばれるが、礼状、詫び状、依頼などには慣習的に決まった約束がある。手紙の内容によっては、そういう形式を守った方がよい場合が多いので、どの形式によるべきかを考えて書くことが大切である。また、特定の人に読んでもらう文章でもあるため、敬語の使い方にも気を配る。

❶封書かはがきかの選択	
封　書	重要な用件や秘密を必要とする内容 目上の人への通信
はがき	誰に読まれても構わない内容 簡単な用件
❷便箋・封筒の選び方	
便　箋	白の縦書き←改まった場合・公式なもの・慶弔・恩人への手紙 ※色つきや模様入りは失礼になる。
内　容	1枚半に、用件、2枚目の後半に、日付、本人の氏名、相手の氏名、脇付けを書くのが正式である。
封　筒	白の二重の和封筒（縦長の封筒）　※弔事の場合は一重の封筒を使う。
❸筆記用具	
万年筆かボールペンがよい。色は、黒か青、またはブルーブラックが適当である。	
❹字配り	
●行頭に書かない……「私」「両親」など自分側の呼称 ●行末に書かない……「ご主人様」「皆様」「貴社」など相手の姓名や敬称 ●2行にわたって書かない……人名、敬称、地名、金額、熟語など	

3 手紙の構成と表現

目上の人に出す手紙、組織を代表して出す手紙、事務的な手紙などは、一定の形式（構成）がある。これらの形式は、長い歴史の中で作られてきたもので合理的であり、大事なことを的確に伝えるために必要なものである。相手に失礼にならないように用語や表現に注意して書くことが大切である。文書や手紙には、独特の定例句や言い回しがある。

まずは、定例句を使って書いてみよう。

①手紙の構成

手紙は「前文」「主文」「末文」「後付」の4つから構成される。

①前　　文：要件に入る前のあいさつ
②主　　文：要件を記す
③末　　文：手紙を終える挨拶
④後　　付：日付や差出人名、宛名を明記する

●前　　文

❶頭　　語

「拝啓」「謹啓」が一般的である。書き出しは一字空けず、頭から書き出す。

一般的な手紙………………………………	「拝啓」
あらたまった手紙………………………………	「謹啓」
前文を省略する手紙………………………	「前略」

なお、「前略」は「前文の挨拶を省略いたします」の意味であるため、❷時候の挨拶、❸安否の挨拶は書かず、❺用件に続ける。

❷時候の挨拶

慣用的に使われる季節に触れた挨拶で、頭語から一字空けるか、頭語の次の行から一字下げて書く。

〈時候の挨拶の例〉

月	挨拶例
1月	新春の候・迎春の候・大寒の候・ 例年にない厳しい寒さが続いております・春が待ち遠しい季節です
2月	晩冬の候・余寒の候・立春の候・ 梅のつぼみがふくらみ始めました・暦の上では春と申しますが
3月	早春の候・春寒の候・浅春の候・ 日ごとに春の訪れを感じます・ようやく春めいた今日この頃
4月	陽春の候・晩春の候・春暖の候・ 桜花満開の季節を迎え・春たけなわの季節となりました
5月	新緑の候・初夏の候・立夏の候・ 風薫る良い季節となりました・新緑が目にまぶしい季節を迎えました
6月	麦秋の候・梅雨の候・向夏の候・ 梅雨空が続いております・紫陽花の花が美しい季節となりました
7月	盛夏の候・猛暑の候・酷暑の候・ いよいよ夏本番を迎えました・連日暑い日々が続いております
8月	残暑の候・晩夏の候・立秋の候・ 立秋とはいえ厳しい残暑が続いております・朝夕はいくらか過ごしやすくなりました
9月	初秋の候・新秋の候・秋涼の候・ 過ごしやすい爽やかな季節となりました・灯火親しむ秋となりました
10月	秋冷の候・秋晴の候・仲秋の候・ さわやかな秋晴れが続いております・今年も紅葉の季節となりました
11月	晩秋の候・深冷の候・立冬の候・ 穏やかな秋晴れが続いております・いつしか夜風が身に染みる季節となりました
12月	初冬の候・寒冷の候・師走の候・ 木枯らし寒きこの頃・今年も残り少なくなりました

❸安否の挨拶

相手の安否や自分の近況などを伝える。日頃の感謝や、ご無沙汰を詫びることもある。

【例：相手の安否を尋ねる場合】
　　［一般］○○様にはお変わりなくお過ごしのことと存じます
　　［一般］皆様には（貴下）ご健勝（ますますご清祥）のこととお喜び申し上げます
　　［一般］ご家族の皆様もお元気でお過ごしのことと存じます
　　［企業］貴社いよいよご盛栄（ご隆盛）のこととお喜び申し上げます

【例：自分の安否を知らせる場合】
　［一般］私も元気で暮らしています
　［一般］私どもも一同つつがなく暮らしております
　［企業］

| 平素は
日ごろは
いつも | ＋ | 格別の
格別なる
何かと | ＋ | ご厚情を
ご愛顧を
お引き立てを | ＋ | 頂き
賜り
くださり | ＋ | 厚く御礼申し上げます
（心より） |

◉主　　文

❹起こしの言葉

主文が始まることを示す言葉。「さて」「ところで」「つきまして」「さっそくですが」などが一般的。改行し、一字下げて書く。

❺用　　件

手紙の主旨をわかりやすい文章でまとめる。

◉末　　文

❻結びの挨拶

改行して用件をまとめ、相手の健康や繁栄を願う言葉や、今後の指導・支援を求める言葉、あるいは季節を盛り込んだ表現で締めくくる。

【用件をまとめる表現】
　［一般］以上、どうぞ宜しくお願いいたします
　［礼状］まずは取り急ぎ、御礼とご報告を申し上げます
　［礼状］以上、ご報告方々御礼まで

【相手の健康や幸福を願う表現】
　［一般］皆様のますますの多幸をお祈り申し上げます
　［一般］〇〇様の一層のご活躍を祈念いたします
　［一般］ご家族のご健勝を心よりお祈り申し上げます

【今後の厚誼を願う表現】
　［一般］今後ともよろしくご指導のほどお願いいたします
　［一般］どうか末永くお力添えをくださいますようお願いいたします

〈季節を盛り込んだ表現〉

月	表現
1月	寒さ厳しい折、お体大切にお過ごしくださいますよう 新春とはいえ、寒さが身にしみますので、くれぐれもご自愛ください
2月	余寒が続いておりますので、くれぐれもご自愛ください 春寒厳しき折、ご健康には十分ご留意ください
3月	早春とは名のみの毎日、くれぐれもご自愛ください お忙しい年次末を迎え、お体にはお気をつけください
4月	寒暖の厳しい日がありますので、くれぐれもご自愛ください 新年度を迎え、健康第一になさってください
5月	季節の変わり目、お体にはお気をつけください 暑い季節に向かいますので、くれぐれもご自愛ください
6月	梅雨空が続きますので、お体をお大事にしてください 気候不順の折から、お体にはお気をつけください
7月	盛夏の折から、お体ご大切にお過ごしくださいますよう 夏風邪などひきませぬよう、お体にはお気をつけください
8月	残暑が厳しい折、くれぐれもお体をお大事にしてください 体調を崩しやすい気候ですので、くれぐれもご自愛ください
9月	夏の疲れが出る季節ですので、くれぐれもご自愛ください 残暑の折から、健康第一になさってください
10月	めっきり涼しくなりました。健康にはお気をつけください 寒暖の激しい日がありますので、くれぐれもご自愛ください
11月	向寒の折から、健康第一になさってください 日増しに冬を感じます。くれぐれもお体をお大事になさってください
12月	お忙しい師走を迎え、くれぐれもお体をお大事にしてください なにとぞ、よいお年をお迎えください

❼結　語
頭語に対応することばである。結びの挨拶の次の行に、下から1文字空けて書く。

「拝啓―敬具」　「拝啓―かしこ」（女性のみ）　「謹啓―謹白」　「前略―草々」

❽日　付
結語の次の行に、行頭から2、3字下げて、手紙を書いた日付を書く。

❾差出人名
日付の次の行に、下から1字空けて、差出人（自分）の氏名を書く。

❿宛　名
差出人の次の行に、行頭から、主文などより大きな文字で、相手の名前を書く。

●敬称：敬称は封筒の表書きと同じものを書く。	
様	目上を含め、男女の区別なく、誰に対しても使える。
さま	目上の人には使えない。
先生	恩師に使う。「先生様」は誤り。
殿	公用や商用のほかは、目下の人に使う。
御中	学校・会社・団体・官公庁
君／さん	ごく親しい友人
各位／皆様方／皆々様／ご一同様	多人数
●脇付：あらたまった場合にだけつける。改行し、敬称の左下方につける。葉書・事務用・凶事にはつけない。	
机下／侍史	一般
玉案下／尊前／台下	恩師・目上の人
膝下／尊下	両親・伯父（叔父）・伯母（叔母）
御許に／みまえに／御そばに／御前に	女性語

⓫追って書き
本文に書き忘れた用件がある場合や、主文と別に書いた方がよいと判断した場合には、宛名の後にその用件を書き加えることができる。これを「追って書き」あるいは「添え文」「副文（そえぶみ）」などという。 宛名のあと、1〜2行あけ、本文よりも3〜5字分ほど下げて小さめの文字で書く。書き出しには、「追伸」が一般的である（「追伸」「二伸」「なお」「追って」「付記」「追啓」など）。 目上の人、あらたまった手紙には使わない。また、お悔やみの手紙や慶弔の手紙にも使ってはいけない。

②**手紙での敬語**

　手紙では、相手に敬意を表す尊敬語と、自分のことをへりくだって表現する謙譲語を適切に使いわけることが重要である。主な動詞の敬語表現を正しく覚えておこう。

基本形	尊敬語	謙譲語	丁寧語
いる	いらっしゃる	おる	います
行く	いらっしゃる	参る／伺う／参上する	行きます
来る	いらっしゃる／お見えになる	参る／参上する	来ます
する	なさる／される	いたす／させていただく	します
言う	言われる／おっしゃる／お話しになる	申す／申し上げる	言います
見る	ご覧になる／見られる	拝見する	見ます
聞く	お聞きになる／聞かれる	お聞きする／拝聴する／伺う	聞きます
知っている	ご存じ／知っていらっしゃる	存じ上げる／存じる	知っています
思う	思われる／お思いになる	存じる／存じ上げる	思います
会う	お会いになる／会われる	お目にかかる／お会いする	会います
贈る	お贈りになる／贈られる	お贈りする	贈ります
受ける	お受け取りになる／お納めになる	お受けする／頂戴する／いただく	もらいます

③人・物を表す敬語表現

対　象	相手側	自分側
本　人	あなた／貴殿／貴女／貴兄	私／自分／小生
父	お父上／お父様／父君	父／主人／父親
母	お母上／お母様／母君	母／家内／女房
祖　父	おじい様／ご祖父さま	祖父／老祖父
祖　母	おばあ様／ご祖母さま	祖母／老祖母
お　じ（父母の兄なら伯父・弟なら叔父）	おじ様、おじ上（様）、○○（名前）おじ様、○○（名前）おじさん	お　じ
お　ば（父母の姉なら伯母・妹なら叔母）	おば様、おば上（様）、○○（名前）おば様、○○（名前）おばさん	お　ば
家　族	皆様／皆々様／ご家族様	私ども／家族／家中
家	お家／お宅／貴宅／ご尊家	宅／拙宅／小宅
贈り物	ご厚志／お心づくし／佳品	粗品／寸志

④封筒の書き方

　封筒には、長方形の和封筒、正方形に近い洋封筒の2種類がある。就職先などへのあらたまった場合は、和封筒が無難である。

　白い封筒を使い、曲がらないで書くなどの注意とともに、次の点に注意する。

❶住所は省略しないで書き、1行で収める。長い場合は2〜3行に分けるが、町名やアパート、マンションの名前が2行にわたることのないようにする。

❷宛名は住所より0.5字〜1字下げて、中央にバランスよくやや大きい字で書く。宛名の敬称は手紙の後付と一致させる。

❸団体、会社あては「御中」でよいが、相手の氏名がわからなくても役職がわかる場合には、「人事課長様」「幼稚園長様」などのようにしてもよい。

❹ふつう先生と呼ばれている人あては「先生」とする。

❺他人が開封できない「親展」があるが、ふつうは使わない。

❻和封筒における差出人の住所の書き方は2通りある。上3分の1をあけ、①住所・氏名を合わせ目の左右に分けて書く。日付は左上に。②住所・氏名を合わせ目の左側に書く。日付は右上。

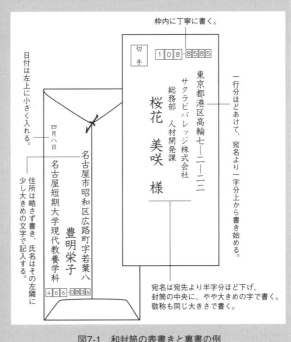

図7-1　和封筒の表書きと裏書の例

❼住所・氏名は宛名の注意と同じ。寄宿先は自分に関わる事柄であるため、「様」はつけない。
❽その団体、組織や世帯に所属しない人（例1）や、その団体、組織を介して別の団体、組織（例2）にあてる場合は「気付」を用いる。

【例1：旅先に自分の荷物を送る場合】
　○○ホテル　フロント気付　△△行（△△は自分の名前）
ただし、ホテルなどに自分の荷物を送る場合は、あらかじめ、ホテルなどに連絡を入れてから送るようにする。

【例2：ある団体、組織を介して別の団体、組織に送る場合】
❶企業内にある関連会社に送る場合
　○○（ある団体、組織の名前）気付　△△（受け取る団体、組織の名前）御中
※弔電や祝電を出す場合にも「気付」を用いる。
❷結婚式場に、結婚する友人の祝電を送る場合
　○○ウェディング　気付　△△様（結婚する友人の名前）

❾閉じ口に書く封字は「〆」「封」「緘」などがあるが、書かなくても失礼にはならない。
❿あらたまった手紙は、きちんと糊づけで封をする。

⑤葉書の書き方

　葉書は、事務的な普通の通信文、急いで知らせたいとき、年賀や暑中見舞いなど軽い挨拶の手紙、旅先からの便りなどに用いられるのが一般である。
　葉書と封書の使い分けは、次の通りである。

❶目上の人や格式を重んじる人には、封書にする。
❷重要な内容の場合、あらたまった内容の場合は封書にする。
❸葉書で書き切れない文章量のときは封書にする。
❹急ぎの案内や礼状は、葉書でも差し支えない。

〈留意点〉
❶字配りを考えて書く。書き切れない場合は、おもての中ほどに横線を引いて、下半分に文章を書けるが、目上の人には失礼になる。量が多い場合は封書にする。
❷「机下」などの脇付は不要。
❸パソコンで書いた場合は、末尾に直筆で署名する。
❹差出人の住所・氏名は、表、裏のどちらでもよい。

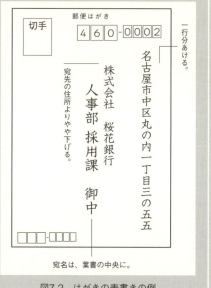

図7-2　はがきの表書きの例

第7章 敬語を使おう　123

[前文]
[1]頭語　拝啓
[2]時候の挨拶　くちなしの花の香る季節となりました
[3]安否の挨拶(相手)　先生にはお変わりなくお過ごしのこととと存じます
[4]安否の挨拶(自分)　私の方は忙しい毎日ではありますが充実した大学生活を送っております

[主文]
[5]起辞　さて　先日の教育実習ではまことにお世話になりありがとうございました　先生の厳しく温かいご指導のおかげで何とか実習を終えることができました　初めの模擬授業では緊張のあまり言葉が出ず　何秒も黙ってしまうこともありました　先生にも大変ご心配をお掛けしたことと存じます　それでも先生のご指導のおかげで本番では何とか授業をおこなうことができました　クラスの生徒から「先生の説明で問題が解けるようになった」と言われた時には本当に感激しました
[6]本文　元担任の名古屋先生に指導教官をしていただき　非常に恵まれた環境で実習をさせていただけたことと心より感謝申し上げます　この実習を通じて先生方と同じく教壇に立ちたいという思いがさらに強くなりました　現在は採用試験に向けて　勉強に励む日々を送っております　難関ではありますが　なんとか突破して実習で学んだことを発揮したいと思っております　良い結果をご報告できるよう努力いたします　今後ともご指導ご鞭撻のほどよろしくお願い申し上げます

[末文]
[7]結びの挨拶　末筆ながら　先生のご健勝とクラスのご発展を心よりお祈り申し上げます
[8]結語　敬具

[後付]
[9]日付　令和〇〇年六月十八日
[10]差出人名　名桜大学教育実習生　桜花咲子

名古屋　学先生

【練習問題1】
インタビューやインターンシップなどでお世話になった方に、封書でお礼の手紙を書こう。

【練習問題2】
3か月後に結婚をする桜花咲子さんから、披露宴の招待状が届いた。必要事項を書き入れ、投函できるようにしよう。

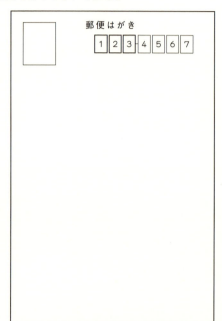

第8章　就職活動に備えよう

　ここまで、日本語についてさまざまなことを学び、演習を繰り返してきた。みなさんの日本語力は向上してきたはずである。その日本語力を使い、社会に向けて自分を発信していく過程の一つが就職活動である。

　みなさんがいかに素晴らしい人材であったとしても、言葉で表現しなければ相手には伝わらない。授業で学んできたことを生かし、自分自身を魅力的に日本語で表現してみよう。

　そのためにまず、「自己分析」によって、自分自身は何者であるのかを明らかにする必要がある。そして、その結果を相手に書いて伝えるコツを「エントリーシートの書き方」で学ぶ。「面接の受け答え」「集団面接」では、自分自身を会話によって表現するコツを学んでいこう。

8-1　自己分析をする

　自己分析とは、自分自身を知る作業である。自分は、何をどのように考え、どのような行動をする人間なのか、これまでの人生を振り返りながら、説明できるようにしておこう。

1　自己分析の必要性

①自分の適性を知ろう

　現在、大学を卒業して就職した人のうち、約3割が3年以内にその仕事を辞めてしまうという。仕事を辞める原因はさまざまであるが、自分自身の適性を知った上で、自分に合った仕事を探すことが大切である。

②自己PRの話題を見つけよう

　自己分析の目的のもう一つは、自己PRの話題を見つけることである。履歴書やエントリーシート、面接などを通して自分をPRする際に、より効果的に相手に自分を伝えるエピソードを探しておこう。

2　エピソードの探し方

　就職関連の書籍やサイトを見ると、非常に立派なエピソードが並んでいる。世界を舞台にボランティア活動をした話や、部活動内で自分がリーダーとして活躍し、全国大会に出場した話などを目にすると、気後れしてしまう人も多いだろう。

　しかし、就職活動において企業側が知りたいのは、みなさんの経歴の素晴らしさではない。企業側が知りたいのは、これから共に働いていくにあたり、みなさんが何をどのように考え、どのように行動できる人物なのかということである。みなさんの考え方や対応の仕方を効果的に伝えることができるエピソードを探していこう。

①気負わずコツコツ積み重ねよう

　自分を効果的に表すエピソードは、短時間に数多く出せるものではない。通学時間や休み時間、寝る前など、思いついたときに書き留めておこう。ここで探すエピソードは、立派な体験である必要はない。アルバイト先での自分の行動や、大変な状況を乗り越えるために自分が考えたことなど、自分を表すエピソードを探そう。

②長所も短所も書き出そう

　自分のよいところを書こうとすると、なかなか出てこないものである。そのようなときは、自分の短所を書き出してみてもよい。そしてそれをポジティブな言葉で言い換えてみよう。例えば「課題をこなすのが大変な授業の愚痴を、友達と毎週言い合っている→課題作成における問題点を話し合いによって洗い出し、対策を立てることで、課題を完成させた」「一つのことが長く続かない→好奇心旺盛でさまざまなことに挑戦する」という具合である。

③周りの人にも聞いてみよう

　周りの人は、自分のよいところを意外と見ていてくれるものである。家族や友人、アルバイト先の仲間などに聞いてみよう。

④エピソードは具体的に書き出しておこう

　自分のアピールしたい特徴とともに、それを裏づけるエピソードを必ず探しておこう。企業側が一読して理解できるように、5W1Hを意識して書くとよい。

【練習問題1】
過去から今まで、自分は何をしてきたか、思い出してみよう。立派なものでなくても構わない。頑張ったことや大変だったこと、熱中したことや評価されたこと、苦労したことを中心に、書き出してみよう。

	トピック	できごと（5W1Hを意識して書いてみよう）
大　学		
高　校		
中　学		
それ以前		
アルバイト		
習い事		
サークル活動		
趣味・特技		

【練習問題2】
【練習問題1】の表を基に、自分の長所を探してみよう。下の言葉を参考にしながら、ない場合は自分で考えてみよう。

> リーダーシップ　積極的　行動的　好奇心　向上心　創造力　独創性
> 計画的　誠実　几帳面　真面目　責任感　聞き上手　調査力　企画力
> 実行力　論理的　継続力　協調性

【練習問題3】
【練習問題2】で見つけた長所を表すエピソードを書いてみよう。一つの長所に対して、複数のエピソードがある場合は、全て書いておくとよい。

長　所	エピソード（5W1Hを意識しながら、書いてみよう）

【練習問題 4】
自分の長所を表すエピソードを一つ選んで、まとめてみよう。

私の長所は○○である（長所を端的に述べる）。
【例】：私は、計画的に行動することができます。

_____

例えば、○○という出来事があった（長所を発揮することになったきっかけを述べる）。
【例】：大学 1 年生の 10 月 11 月の 2 か月間に、英語検定、秘書検定、世界遺産検定、簿記の 4 つの検定試験の受験が重なってしまい、勉強時間を確保することに苦労しました。

_____

_____

_____

その時、私は○○というように行動した（自分の長所を発揮した行動を述べる）。
【例】：そこで私は、朝 5 時から 7 時までを秘書検定、通学時間を世界遺産検定、授業後に大学図書館で過ごす時間を簿記、アルバイト後から寝るまでの時間を英語検定の時間にあてました。

_____

_____

_____

なぜならば、○○だからである（なぜそのように行動したのか、自分の行動を分析して、それが長所であることを説明する）。
【例】：時間を決めて毎日行動することで、確実に勉強時間が確保できるからです。また、暗記が中心の科目は、電車の中で行い、リスニングが必要な科目は、家で落ち着いて勉強するというように、勉強内容と場所にも工夫しました。その結果、無事にすべての試験に合格することができました。

_____

_____

_____

以上の長所を活かして、貴社では○○のように活躍したい（自分の長所を仕事でどのように活かすのかを述べる）。
【例】：以上のように、私は複数の物事を並行して計画的に行うことができます。仕事をする上でも、複数の業務について、内容と締め切りとを考えながら、計画的にこなすことができます。

_____

_____

_____

8-2　エントリーシートの書き方

　企業の採用試験を受けようとする場合、まず、履歴書とともに提出を求められるのがエントリーシートである。そこではまず、志望理由が問われる。志望理由を 400 字ほどの文章で述べることになる。また、自己紹介として「長所・短所」「趣味・特技」「自己 PR」などの欄が設けられることが多い。それぞれ長文ばかりとは限らないが、自分を客観的に見つめ、文章に表すことが求められる。このほか、次のような質問をされることが多くの企業で見られる。「学生時代最も力を入れたことは何ですか？」「企業選択に当たり重視することは何ですか？」「あなたの将来の夢は何ですか」など、これらの項目についてどのように書いていったらいいだろうか、考え方のプロセスに従って述べていく。

●自己紹介編

①他己分析：身近な人に聞いてみよう
●私の長所はどんなところ？
●エピソード
●私の短所はどんなところ？
●エピソード
②自己分析：自分ではどう思っているか、書いてみよう
●自分の長所：まず一言で簡潔に表現しよう。
●エピソードを交えて、わかりやすく表現しよう。
●自分の短所：まず一言で簡潔に表現しよう。
●エピソードを交えて、わかりやすく表現しよう。

③趣味・特技：次のことを想像して手掛かりを探そう
●長期休暇などでしたいことは何ですか？
●日頃、休みの時にしていることは何ですか？
●子供のころからしている習い事などは何ですか？

④クラブ・サークル活動
●部活動・クラブの名称
●活動内容
●部活動で頑張ったことは何ですか？ エピソードが語れるように準備しよう。
●学外のサークルに所属していますか？ メンバーや、活動内容を説明しよう。

⑤自己PR
●自分にキャッチフレーズをつけてみよう。
●自分のとりえはどんなところ？ エピソードを紹介しながら説明しよう。
●これから予想される社会人としての自分をPRしよう。

● 志望理由編

　一つの問いに関して 400 字以上の解答が期待される欄がある。以下の項目はその代表的なものである。このような場合には、PREP 法を利用して書くと、簡潔な文章を作ることができる。PREP 法を示そう。

```
Point    結論・主旨
  ↓
Reason   理由
  ↓
Example  エピソード・具体例
  ↓
Point    結論
エピソードから学んだこと、得たことを確認し、
自分の主張を最後に繰り返す。
```

① 学生時代最も力を入れたことは何ですか？

● 学生生活の中で、一番苦労したことは何ですか？（一つに絞る）
_____

● どのような苦労でしたか、詳しく述べてください。
_____
_____
_____
_____

● どのように乗り越えましたか？
_____
_____

● 上記の経験から何を学びましたか。どんな力が身につきましたか。
_____
_____
_____
_____

● その力はどんな点で仕事に役立つと思われますか。
_____
_____
_____
_____
_____

② あなたの将来の夢は何ですか？

● 5 年後のあなたについて語ってください。
_____
_____
_____
_____

- 10年後のあなたについて語ってください。

- 仕事における目標は何ですか。

- 目標達成のために努力すべき点は何ですか。

- どんな人間になりたいですか。

③志望理由は何ですか？

- 企業のどこにひかれましたか？

- どんな働き方がしたいですか？

- あなたらしさはどんな時に発揮されますか？

- 10年後どんな働き方をしているかイメージしてみましょう。

8-3　面接を受ける

　就職活動で多くの人が苦手とすること、それは面接であろう。個人面接、集団面接、グループディスカッション、プレゼンテーションなど、最近ではさまざまな形式が用いられる。いずれの場合にも準備と練習を事前に行い、面接に臨もう。本節では、面接の際に気をつけるべき点について確認しよう。

1　面接で見られること
　面接では、大きく次のような点が見られているようである。

> ❶第一印象
> ❷入社への意欲
> ❸仕事の適性
> ❹コミュニケーション能力
> ❺人　柄

　限られた時間の中で、採用側はあなたがどのような人であるかを知りたいと考えている。あなたがもし面接官であったら、どのような人を採用したいと思うだろうか。相手の立場になれば、企業に求められるのはどのような人物であるかがわかるだろう。すると、どのように面接に臨めばよいかも、自ずとみえてくるはずだ。

2　面接の前に
　面接を受けることが決まったら、当日までに面接の事前準備をしておこう。「自己PR」「学生時代に頑張ったこと」「志望動機」などはよく聞かれる。聞かれた際にはしっかりと答えられるように練習しよう。その他、自分の専門分野や研究内容について、わかりやすく説明できるようにしておこう。

　また、全く想定していなかったような内容について質問が及ぶかもしれない。そのような時にも慌てず、落ち着いて受け答えができるように、事前にあらゆるパターンで練習しておくとよい。先生や友人に面接官になってもらって練習してみよう。最近では、インターネット上の就職活動支援サイトに面接の練習ツールなどもある。事前準備をしっかり行ったら、あらゆるものを活用して、面接に慣れていくということが大切である。

3　面接当日
　面接の際には、第一印象が大切となる。表情、身だしなみ、姿勢、態度、言葉遣い、声の印象などのすべてがあなたの印象となる。

　人は知らず知らずのうちに、相手に対して最初に抱いた印象をその後ももち続ける傾向があるという。つまり、人は第一印象で相手によい印象をもてば、その後もその人についてはよい印象をもとうとするようだ。では、面接の際にはどのような点に注意すればよいだろうか。

> □自信をもって、笑顔で臨もう
> □相手の目を見よう
> □話を聞くときはうなずいたり、相槌を打ったりしよう

□ゆっくり、はっきり話そう
□肯定的な表現をしよう
□焦らずしっかり考えて話そう
□1つは質問をしよう
□自分の意見、自分の言葉を大切にしよう

他にも、会社を訪問する際や控室での振る舞い、入退室時のマナーなどについても確認しておこう。

また、会社に提出した書類などはコピーして手元にもっておくとよい。面接の前にそれらに目を通して、内容を再度確認しておこう。

【練習問題1】
あなたが面接官だったら、どのような人を採用するだろうか。書き出してみよう。

_____
_____
_____
_____

【練習問題2】
一人1分間のもち時間の中で授業メンバーと順番に自己PRをし、互いに評価してみよう。

_____
_____
_____
_____
_____
_____

【練習問題 3】
就職活動などの場面を想定して、次の内容をどのように言えばよいか考えてみよう。

❶大学ではバレーをやっていた。
_____

❷大学祭では模擬店を出した。
_____

❸積極的なところがとりえだ。
_____

❹仕事の内容を知りたい。
_____

❺結婚してからも仕事を続けたい。
_____

❻会社のホームページに書いてあることが気に入ったから受けようと思った。
_____

❼勤務時間を教えて。
_____

❽研修はいつから？
_____

❾入社までにどんな準備をしたらいいの？
_____

❿この会社での働きがいは何？
_____

【参考文献】
マイナビ（2018）「恥をかかないための就活マナー」https://job.mynavi.jp/ 閲覧日：2017年4月1日
山本いずみ・白井聡子（2011）『ビジネスへの日本語 これから社会へ飛びたつ君たちへ』朝倉書店

8-4　集団面接を受ける

　企業は「即戦力になってくれる人材」を求めている。「即戦力になってくれる人」というのは、言い換えれば「自社に利益をもたらしてくれる人」のことである。その人材を見極めるために面接はおこなわれる。

　面接では、期待通り、あるいは期待以上の能力を発揮してくれるかどうかをチェックしている。スキルの有無、資質、人間性も重要となる。

　1回の面接にかかる時間は10分～30分程度であるが、1時間以上、個人面接に時間を費やす企業もある。

1　面接試験の流れ

　エントリーシートや履歴書などの書類審査、一般常識や作文などの筆記テストである程度人数を絞った後、面接試験となることが多い。

　面接試験の形式は、個人面接、集団面接、グループディスカッション（グループワークも含む）に大別できる。面接は一般的に、複数回行われる。最近ではウェブ試験を行っている企業もある。

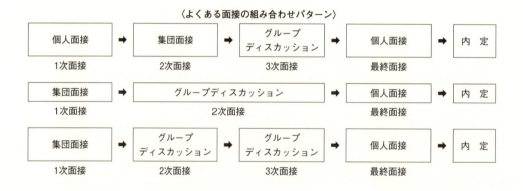

〈よくある面接の組み合わせパターン〉

2　面接のスタイル

①個人面接（応募者1人に対して1人の面接担当者）
応募者の人柄や志望動機を知る。人間性・能力・適性を評価する。
②個人面接（応募者1人に対して複数の面接担当者）
複数の視点で同時に応募者と接して、総合的な判断を下す。
③集団面接（応募者3～5人程度に対して、面接担当者1人～数人）
応募者の人柄や志望動機を知る。人間性・能力・適性について、応募者同士を比較して評価する。
④グループディスカッション
（応募者5～10人にテーマを与えてディスカッションさせる） 応募者の協調性、コミュニケーション能力、リーダーシップ力をみる。 積極性・参加態度・意見の内容と討論への貢献度などを評価する。

　面接のスタイルはこの4種類が一般的である。どのスタイルがとられるかは、企業側の採用方針や応募者の数、会場の都合などによって変化する。

3　集団面接で大切なこと

　数人の学生に対し、数人の面接官が質問する。同じ質問を全員にする場合が多いが、時には少しずつ変化をつけた内容で質問される場合もある。学生1人あたりの話す時間は短い。面接の初期段階で行われることが多い。

①スピーディに答える

　1つの質問を全員に投げかけ、順番に答えていく形式で、面接時間は30分程度である。質問数は4～5問程度になる。1人あたりの持ち時間は15秒～30秒程度しかない。スピーディに答えていくよう心掛ける。

②自分の意見は堂々と答える

　自分の考えていた意見と同じような内容をほかの学生に先に言われてしまうことが集団面接ではよくある。言いたいことを先に言われても、堂々と話せばよい。
　ただし、「○○さんと同じです。」と答えてはいけない。主体性がないと思われてしまうため、アレンジする。別の意見に切り替えることができるようなら、切り替えてもよい。

③周りの意見をしっかり聞く

　面接担当者から学生をみているとその学生が隣の人の話を聞いているのか、それとも自分の答えについて考えているのかがよくわかる。集団面接のときは、他者が質問されている間の表情や態度もしっかり見られているので、十分注意する。
　「今の方の意見について、どう思いますか」という質問をされることもある。

4　グループディスカッション

　数名の学生がグループとなり、一つのテーマについて話し合う。一般的には、決められた時間内に結論を出すよう指示が出され、面接官は話し合いに参加せず、参加者の様子を観察して採点する。面接の初期段階で行われることが多い。
　近年、面接にグループディスカッションを採用する企業がとても増えている。きちんと準備をして臨もう。

①グループディスカッションのバリエーション

①話し合い型
与えられたテーマについて話し合いをする。
②意見発表型
話し合いの後、2～3分程度で、各自の意見を発表する。
③ディベート型
あるテーマに関してあらかじめ、「肯定派」「否定派」に分けられ、討論する。2派に分けられるが、自分で選べない。一度ディベートをおこなった後、「肯定派」「否定派」を入れ替えておこなう場合もある。
④グループワーク型
グループ全体に指示が与えられ、それを達成するために作業をする。

　どれも参加意識を高くもつことによって、よい結果が生まれる。

②グループディスカッションをおこなう理由

　企業はチームで仕事をする場所である。したがって、複数のメンバーの中に入った時の応募者の発言・行動やコミュニケーション能力について、グループディスカッションを通して確認したいと面接担当者は思っている。

　　　　　　　応募者の実務的能力をチェック

【実務的能力】
- グループ内での貢献性・積極性
- リーダーシップ能力
- コミュニケーション能力
- チームワーク能力

　　　　　　　グループディスカッションの中で
　　　　　　→ 各応募者が、どのような役割をどのように担うのか

※「どのような役割を果たすか」が大切

【悪い例】
×他者の意見を無視し、自分の意見を主張する。
×攻撃的な態度で、他者の意見を批判する。　　など

③グループディスカッションにおける役割

　全員で作業をおこなうため、テーマによって、いろいろな役割が出てくる。

【役割例】
❶司　　会
❷時計（タイムキーパー）
❸記録係
❹討論の流れを元に戻す役割
❺結論を発表する役割
❻図面引き係
❼指示出し係
❽ヘルプ係（作業が遅れている人を手伝う）など

【注意しよう】

※自分の作業に没頭、黙々と作業をこなす
　　　　　↑
グループ内で孤立し、評価も下がる

　自分が力を発揮できそうな役割を担当し、積極的に貢献しよう。

5　高評価を得る人とは

　内容の濃いディスカッションになるように貢献している人である。

❶要所要所で、真っ先に手を挙げ、発言する
❷印象に残る発言（キャッチフレーズなど）をする
❸グループ全員の意見を引き出し、結論をまとめる

話そう、役割をこなそうとするあまり、面接における基本の姿勢を忘れてしまいがちである。笑顔で、よい姿勢を保ち、アイコンタクトをとりながら、他者の発言を聞くことを心掛けよう。

6　集団面接でよく聞かれる質問

❶志望理由を教えてください。
❷自己 PR をしてください。
❸短所は何ですか。
❹大学時代に一番打ち込んだことは何ですか。
❺大学時代に得たものを仕事にどのように生かしますか。　　　　など

7　回答のポイント

❶憧れで応募しているのではなく、一生懸命働くつもりで応募していることを理解してもらえるように答えよう。
❷企業に貢献したいという積極的な意思があることを示そう。
❸仕事に役立つ PR ポイントを答えよう。
❹説得力のある話し方をしよう。
❺今努力している事柄をアピールしよう。
❻何に強い関心があるのか、どの程度努力する人なのかがわかるように話そう。
❼自分の能力がどの程度仕事に生かせるのか分析した上で、具体例を挙げて伝えよう。
　　　　　　　　　　　　　　　　　　　　　　　　　　　　　　　　　　　　など

8　教員採用試験における集団面接
①形　　式
　受験者 5 ～ 10 人程度に対し、面接官は 2 ～ 5 人程度。
　同じ質問を順番に答えたり、質問内容が 1 人ずつ変わったりする。

②集団討議（グループディスカッション）
　グループごとにテーマが与えられ、1 人 2 ～ 3 分で意見を述べてから、自由討議に入る。

【例】
1 次　面接時間：30 分　　①受験者 5 人に対し、面接官は 3 人
　　　質　　問：7 問程度（愛知県）
1 次　面接時間：20 分　　①受験者 8 人に対し、面接官は 2 人
2 次　面接時間：40 分　　①受験者 4 人に対し、面接官は 2 人
　　　質問内容：お題に沿って、集団討議をし、後ほどそれに関する質問と人間性を訊く質問
　　　　　　　（名古屋市）

【練習問題】
次の質問・テーマについて、考えてみよう。

〈集団面接〉
❶この仕事で大切なことは何だと思いますか。
❷当社の短所はどこですか。

〈グループディスカッション〉
❸スーパーで商品の売り上げをアップさせる作戦について考える。
❹企業のCMを作る時、誰をどのように使うか、考える。
❺お客様が喜ぶ新しいサービスを考える。

〈教員採用試験：教職・教育に関する質問〉
❻あなたが考える理想の教師とは、どのような教師ですか。
❼「生きる力」とは何ですか。
❽改訂指導要領について、どう思いますか。

〈教員採用試験：生徒指導〉
❾子どもの自己中心性を、あなたはどのように直していきますか。
❿授業中、立ち歩く児童がいた場合、あなたはどうしますか。

【参考文献】
坂本直文（2004）『内定者はこう書いた！　エントリーシート・履歴書・志望動機・自己PR完全版』高橋書店
坂本直文（2009）『サクッとうかる！　面接＆エントリーシート［一問一答］』高橋書店
杉村太郎（2009）『絶対内定』ダイヤモンド社
就職情報研究会（2009）『就活のやり方［いつ・何を・どう？］ぜんぶ！〈2011年度版〉』実務教育出版
就職情報研究会（2009）『2011年度版　就活　始めるブック』実務教育出版

資料①　実践例　学内インタビュー活動

　日本語表現で身につける力「読む」「書く」「話す」「聴く」力を総合的に発揮する場として「学内インタビュー活動」を位置づけて実践する。人との対話を円滑に進め、豊かな人間関係を築くことも可能となる。教室内にとどまらない活動としてのアクティブラーニングの実践でもある。また、大学で働く人たち（主に職員）とのつながりを生むところに、副産物が隠れている。特に、新入生にとっては大学という組織を知ることにもなり、大学で働く人とのつながりから、科目内にとどまらない人間関係を作り出すことにも役立つものとなる。
　ここでは6週分を使った実践例を示す。

❶大学の組織図などを参考にしながら、大学で働く人々の部署を把握する。
❷学生のグループごとにインタビュー先を決定する。受講者数にもよるが、3、4人のグループを想定している。（1週目）
❸質問項目を検討する。
❹インタビュー先にインタビューの可否を尋ね、依頼する。（2週目）
❺インタビュー当日
❻インタビュー内容のまとめ（3週目）
❼発表のためのレジュメづくり
❽発表のリハーサル（4週目）
❾合同クラスによる発表会の運営
❿発表会当日（5週目）
⓫インタビュー先へのお礼状の作成（6週目）

1　準備段階
①インタビュー先の決定
学生にとって、大学の組織はわかりづらく、多くの人たちで運営されていることに気づくことが目標の一つである。また、グループ活動をすることで、学生たちのメンバー意識を養うことも可能となる。
②質問を考える
とかく一問一答になりがちな傾向を修正することを目標とする。相手の答えを受けてさらに質問を進めていく技術を学ばせる。また、話し手と聞き手の位置関係にも注意をすることにより、豊かなコミュニケーションが実現することを学ぶ。 特に、全員が質問することが重要である。相手が応えやすいような質問の仕方を工夫したり、予備の質問も考えておくとよい。
③メモを取る
メモを取りながら質問することを目標とする。相手の目を見ながら話すことと、手元のメモ用紙に視線を落としてメモをすることの両立を目指す。メモすべき事柄と、後からわかるように書けばよいことを身につける。
④依頼状を持参する
学内部署に事前に了解を得ておくことが望ましい。特に、外部の業者などが委託されて一定の業務を行っている場合があるので注意が必要である。訪問日時の調整が必要な場合も出てくるので、臨機応変な対応が求められる。

2　インタビュー当日	
①時間厳守	
15分から20分の間でインタビューが終わるように、時間配分を心掛ける。	
②始めと終わりの挨拶などから敬語の使い方まで、相手に不快感を与えないように気をつける。	
③教室に戻ってすぐに、メンバー相互でメモを基に内容を整理する。	
3　報告会（2、3クラス合同）	
①報告会のための準備を行う。レジュメづくり、発表の分担などを話し合う。	
②発表会の進行役を決め、発表時間、質疑応答の時間を決定する。	
③報告のリハーサルを行う。	
声の大きさ、姿勢、特に目線に注意して報告をする。	
④自分たちの発表をうまくこなすだけでなく、質疑応答に参加する姿勢を育てる。	
⑤ほかのグループの発表を評価する。	
声の出し方、目配り、姿勢などの発表技術から、資料の作り方、発表内容の明確性などの総合的な評価をする。	
4　まとめ　お礼状の作成	
インタビュー先へ、発表会での反応などを加味したお礼状を作成し、持参する。これにより、一般社会での礼儀、マナーを学ぶことができる。	

資料②　ポスターを制作する〈私のおすすめ本〉

　図書は、レポートなどを執筆する際に欠かすことのできない資料といえる。学生は大学に在籍する間に、自身の専門分野に関する図書だけでなく、多くの図書に目を通すことになる。資料を読む方法や資料を基に考察する方法は本編で詳述したが、ここではその前段階として、まずは「本に親しむ」ために自分のすすめる図書についてポスターを制作する。

1　目　　的

- 図書に興味をもつ
- 自分のことばで伝えたいことを的確に表現する
- 表現手段（ポスター）の特性をふまえ、視覚的に効果的な表現方法を身につける
- 他学生との交流を通し、図書に関する興味関心を広げ、さらに表現の多様性を知る

2　手　　順

① ポスターに取り上げる図書を選ぶ
② 選んだ図書の概要や特に読んでもらいたいところをまとめる
③ ポスターのレイアウトを考える
④ ポスターを制作する
⑤ クラス内や同一科目を展開している他クラスと交流する

3　各作業における留意点

① ポスターに取り上げる図書を選ぶ

●地域の図書館で選ぶ

自分の住む地域や通学時に通る地域にある図書館に行き、図書を選ぶ。図書館によってはテーマを決めて図書を展示しているところや新着図書をまとめて配架しているところもある。また、大学図書館では蔵書していないジャンルの図書も多くある。館内を散策しながら、〈私のおすすめ本〉を見つけよう。

●大学図書館で選ぶ

ポスターを見た学生が、その図書を借りられるように、図書館に所蔵している図書を選ぶとよい。自分が選んだ図書が大学の図書館にあるかどうかを調べるためには、大学図書館のホームページにある蔵書検索（OPAC）を利用するとよい。

② 選んだ図書の概要やすすめる理由、特に読んでもらいたいところをまとめる

ポスターに記載できる文字数は限りがあるため、伝えたいことを絞ってまとめるとよい。ポスターに記載する事項は以下のとおり。

- 書　　名　・編著者名　・出版社　・出版年
- 概　　要　・すすめる理由、特に読んでもらいたいところ　・表紙（画像）

なお、図書の概要にAmazonなどのブックレビューを丸写しにすることはしてはならない。
他にも、以下の内容でポスターを作成してもよい。

- 選んだ図書のキャッチフレーズ　・最初の1行　など

③ ポスターのレイアウトを考える　④ ポスターを制作する

受け手（ポスターを見る側）に立って、文字の大きさや色使い、画像などを考え、見やすいポスターを制作するように心がける。

⑤ クラス内や同一科目を展開している他クラスと交流する

他の学生がすすめる「本」のなかに、自分の興味がある事柄であっても自分の知らなかった「本」があったり、おすすめのコメントを読んで新たに興味をもつ「本」があったりする可能性もある。積極的に交流をし、自分の興味関心を広げる。

資料③　原稿用紙の使い方をマスターする

　原稿用紙を使うことによって、文字数が簡単に計算でき、読み手にわかりやすい形式を整えることができる。縦20字×横20字の400字詰め原稿用紙が一般的であるが、用途に応じてさまざまなものが作られており、提出先で特定の原稿用紙が指定されていることもある。
　万年筆などの文字が消えないものを使って、誤字脱字がないように心がけて書く。

●「横書き原稿用紙の一般的な使い方

①題　名
1行目に3マス下げて書き出す。副題は、次の行にバランスよく収めるのがよい。

②氏　名
題名の次の行に、最後の1マスをあけて書く。クラス・学籍番号などは、氏名の前にバランスよく配する。姓と名の間は1マスあけて書いてもよい。

③本　文
「氏名」の次の行、または1行あけて書き始める。

④書き出し・段落の始まり
「本文」の書き出しは、1マス下げる。新しい段落に入るときも、改行して1マス下げる。
※横書きの論文などでは、書き出しを1マス空けずに書くこともある。

⑤文　字
楷書で、丁寧に、1マス1字で書く。
・アルファベットは活字体（A、B）で書き、数字は算用数字（1、2）を用いる。アルファベット・算用数字は1マスに2字入れる。
　※アルファベットは、大文字は1マスに1字、小文字は1マスに2字入れる書き方もある。
・仮名の小文字「っ」「ゃ」「ゅ」「ょ」も1字である。1マスに書き、行頭に来た場合は、行頭に書く。
・熟語、慣用句、ことわざ、固有名詞などは漢字で書く。
　【例】五十歩百歩、一日千秋、三日坊主、青二才、九十九里浜、三重県四日市市

⑥句読点・符号（括弧など）
句点（。）、読点（、）、符号（" "、「　」、『　』など）は1マスに一つとする。
句読点（。、）は、行頭に書くことを避け、行末の文字と同じマスの中に書く。
句読点、符号は原則として1マス分とるが、例外として
・「句読点（。、）」と「閉じの括弧（　」　　）　）」など」が重なるときは、1マスに一緒に入れる。
・「句読点（。、）」と「閉じの括弧」が行頭にくるときは、前行の最後の1マスに文字と一緒に入れるか、欄外にはみ出して記す。①のように、「句点」と「閉じの括弧」を1マスにいれる場合は、行頭にそのまま書く。
・「ダッシュ（――）」や「リーダー（……）」は、2マス用いる。
・「疑問符（?）」や「感嘆符（!）」の次は1マスあけるが、「閉じの括弧」が次にくるときは、続けて書く。
・横書きの文章では、句読点（。、）の代わりに、ピリオド（.）コンマ（,）を用いてもよい。

⑦会　話
会話文ごとに改行し、行頭の1マスをあけて「　」で囲む。改行しない場合は、「　」で囲んで本文中に取り込む。会話の文末に、句点をつける書き方とつけない書き方がある。

●引用したときの書き方［引用・参考文献リストについては3-4を参照のこと］

⑧引　用
引用とは、参照した文章をそのまま書き写し、自分の文章に取り込むことである。引用部分が1行前後の場合は、「　」で囲んで本文中に取り込む（直接引用）。参照した文章を要約して取り込む方法もある（間接引用）。取り込む文が長い場合は、「　」で括らず、改行して全体を2字下げにする。前後の各1行をあけて書く場合もある。
引用したときは、出典を明記する。出典の書き方は3-4を参照のこと。

　ハーバード方式で書いた文章を次に挙げる。

読書に対する姿勢について、齋藤(2015)は次のように述べている。
　　必要な部分だけを抽出して、場合によってはそこだけじっくり読む。それを複数の本で、同時並行的に行っていこうというわけです。
　清水(1972)も「書物との間にも浅い関係、軽い関係というものがある」と述べ、すべての書物において、最後のページまで読む必要はないと考えている。
　一方、出口(2015)は、「本の読み方はオール・オア・ナッシング」であり、「いったん読むと決めたら、じっくり読」むと述べている。
引用文献
齋藤孝(2015)『本をサクサク読む技術』中央公論新社　中公新書
清水幾太郎(1972)『本はどう読むか』講談社
　講談社現代新書
出口治明(2015)『人生を面白くする本物の教養』
　幻冬舎　幻冬舎新書

【練習問題】
下記の文章は、△△さんが原稿用紙に書いたものである。
正しい書き方ではない。
テキストの原稿用紙の書き方に従って、次頁の横書き原稿用紙に書き直しなさい。
（題名、学科・学籍番号・氏名も下記の文章の通りに書き直しなさい）

〈△△さんが書いた文章〉　注意：問題文は、正しい書き方ではない。

題　　名➡　原稿用紙の書き方
学科・学籍番号・氏名➡　○○学科　××番　　△△　▲子
本　　文➡　表題は1行目に、左から3マスほどあけて書く。クラス・学籍番号・氏名は次の行にバランスよく配しながら、右端を1マスあけて書く。段落は、内容のまとまりごとに改行して、その初めを1マスあけて書く。項目などを箇条書きにするときは、全体を1字下げると見やすい。文字・符号（括弧・句読点など）は、それぞれ1マス使用するのが原則だが、次の場合は例外である。アルファベット（Active Learning）や算用数字を記すときは、1マスに2文字を書くのがふつうである。例えば、42.195kmといった距離を書く場合である。ただし、「一期一会」といった四字熟語や「一般人」といった熟語に漢数字が使われている場合には、横書きでもそのまま漢数字を書く。

【参考文献】
渡邊淳子（2015）『大学生のための論文・レポートの論理的な書き方』研究社

●書き直し用原稿用紙

> 資料④　授業運営のヒント

1　ポートフォリオの活用

　改めていうまでもないことではあるが、大学生にとって、1週間に1度の90分の授業は、継続性を自覚しにくいものである。毎週展開される授業内容を把握することは、テキストがあり、ノートをとる中で学生各自が可能なことはあるが、改めて、視覚的に確認させるシステムがポートフォリオ活用である。

　ポートフォリオには「授業内容」「今日のお題」「お題への回答」の欄がある。毎時間の内容を記述させることにより学習過程を振り返り、成果を確認させることができる。さらに毎時間の終了時に〔お題〕に沿った文章を書く。この繰り返しにより、まとめ作業を学生一人ひとりが行うことになる。

　また、15回を通して1枚のポートフォリオにまとめるので、出席管理も学生自身に自覚させることができるなど、メリットは多い。

2　名札カード

　授業展開の中で、グループ作業をさせることが多い。まず自己紹介をさせる場合や、新聞スクラップを報告する場合など、クラス内を2人、3人のグループに分け、活動させるのは、効率的な授業の進め方として望ましい。しかし一方、学生を把握、評価することが難しくなる側面もある。これを克服するのが名札カードの活用である。

　厚紙の「京大式カード」をご存じだろうか。B6判のカードで、罫線が引かれている。それを2つ折りにすると立てることができる。机上に立てることにより、グループ作業においても学生の活動を把握することができるのである。また、簡易メモ用紙にもなり、活用の幅は広い。

資料④ 授業運営のヒント　149

ポートフォリオ＋出席自己管理

曜限	学籍番号	ふりがな		厳しいけれど
		氏名		楽しい授業！

回（月／日）	授業内容	今日のお題・欠	振り返りの文書
①			
②			
③			
④			
⑤			
⑥			
⑦			
⑧			

授業時以外の提出物をいつもセルフチェックし、計画的に自習しなさい。
★「あらまし読み」シートのやり方はわかっていますか？

回（月／日）	授業内容	今日のお題・欠	振り返りの文書
⑨			
⑩			
⑪			
⑫			
⑬			
⑭			
⑮			

最終提出課題

執筆者紹介（＊は編者）

入口　愛（いりぐち　あい）
所属：名古屋女子大学講師
担当：1-3，3-4，5-1，7-1，資料②

大竹志保美（おおたけ　しほみ）
所属：市邨学園高等学校教諭
担当：1-4，2-6，3-2，7-2，8-4，資料③

久木田恵（くきた　めぐみ）
所属：名古屋学院大学非常勤講師
担当：1-1，1-7，2-5，4-1〜3，5-3

小出祥子（こいで　よしこ）
所属：名古屋短期大学現代教養学科助教
担当：1-5，2-4，3-3，6-2，8-1

長澤理恵（ながさわ　りえ）
名古屋大学大学院文学研究科博士後期課程修了。博士（文学）
担当：1-2，2-1，2-2，3-1，5-2，8-3

松浦照子*（まつうら　てるこ）
所属：名古屋短期大学名誉教授
担当：はじめに，1-6，2-3，5-4，6-1，8-2，資料①，資料④

実践　日本語表現
短大生・大学1年生のためのハンドブック

2017年5月30日　初版第1刷発行
2020年4月30日　初版第2刷発行

編　著　松浦照子
発行者　中西健夫
発行所　株式会社ナカニシヤ出版
〒606-8161　京都市左京区一乗寺木ノ本町15番地
　　　　　　Telephone　075-723-0111
　　　　　　Facsimile　075-723-0095
　　　　　　Website　http://www.nakanishiya.co.jp/
　　　　　　Email　iihon-ippai@nakanishiya.co.jp
　　　　　　郵便振替　01030-0-13128

装幀＝白沢　正／印刷・製本＝創栄図書印刷
Copyright © 2017 by T. Matsuura
Printed in Japan.
ISBN978-4-7795-1174-5

本書のコピー，スキャン，デジタル化等の無断複製は著作権法上の例外を除き禁じられています。本書を代行業者等の第三者に依頼してスキャンやデジタル化することはたとえ個人や家庭内での利用であっても著作権法上認められていません。

ナカニシヤ出版 ◇ 書籍のご案内

3訂 大学 学びのことはじめ
初年次セミナーワークブック

佐藤智明・矢島　彰・山本明志 編

学生の間に身につけたいキャンパスライフ、スタディスキルズ、キャリアデザインの基礎リテラシーをカバー。ベストセラーテキストをスマートメディアを活用できるようリフレッシュ。提出や再構成できる切り取りミシン目入り。ルビ入り。　**1900円＋税**

大学1年生からのコミュニケーション入門

中野美香 著

充実した議論へと読者を誘う平易なテキストと豊富なグループワーク課題を通じ企業が採用選考時に最も重視している「コミュニケーション能力」を磨く。キャリア教育に最適なコミュニケーションテキストの決定版。　**1900円＋税**

大学1年生のための日本語技法

長尾佳代子・村上昌孝 編

引用を使いこなし、論理的に書く。徹底した反復練習を通し、学生として身につけるべき日本語作文の基礎をみがく初年次科目テキスト。　**1700円＋税**

大学生からのプレゼンテーション入門

中野美香 著

現代社会で欠かせないプレゼンテーション——本書では書き込みシートを使って、プレゼン能力とプレゼンをマネジメントする力をみがき段階的にスキルを発展。大学生のみならず高校生・社会人にも絶好の入門書！　**1900円＋税**

学生のための学び入門
ヒト・テクストとの対話からはじめよう

牧　恵子 著

「何かな？」という好奇心に導かれた「対話」から、新たな気づきは訪れます。その気づきを「書くこと」で、確かなものにしていきませんか。「インタビュー」「2冊を比較する読書レポート」など工夫を凝らした初年次テキスト。　**1800円＋税**

自己発見と大学生活
初年次教養教育のためのワークブック

松尾智晶 監修・著　中沢正江 著

アカデミックスキルの修得を意識しながら、「自分の方針」を表現し合い、問いかけ、楽しみつつ学ぶ機会を提供する初年次テキスト。　**1500円＋税**

理工系学生のための大学入門
アカデミック・リテラシーを学ぼう！

金田　徹・長谷川裕一 編

理工系学生のための初年次教育用テキスト。大学生としてキャンパスライフをエンジョイする心得を身につけ、アカデミック・ライティングやテクニカル・ライティング、プレゼンテーションなどのリテラシーをみがこう！　**1800円＋税**

コミュニケーション実践トレーニング

杉原　桂・野呂幾久子・橋本ゆかり 著

信頼関係を築く、見方を変えてみる、多様な価値観を考える——ケアや対人援助などに活かせる基本トレーニング。　**1900円＋税**

大学生と大学院生のためのレポート・論文の書き方［第2版］

吉田健正 著

文章の基本から論文の構成、引用の仕方まで懇切丁寧に指導する大学生・大学院生必携の書。第2版では、インターネット時代の情報検索にも対応。　**1500円＋税**

大学生のためのデザイニングキャリア

渡辺三枝子・五十嵐浩也・田中勝男・高野澤勝美 著

就活生も新入生も、本書のワークにチャレンジすれば、入学生活の宝を活かして、自分の未来がきっと開ける！大学4年間に丁寧に寄り添うワークが導く、いつだって遅くない、自分の人生と向き合う思索のススメ。　**2000円＋税**

教養としての数学

堤　裕之 編／畔津憲司・岡谷良二 著

高校1年次までに学ぶ数学を大学生の視点で見直すと？　さまざまな計算技法、数学用語、数学記号を丁寧に解説。就職・資格試験の類題を含む豊富で多様な練習問題を通して学ぶ全大学生のための数学教科書。　**2000円＋税**

大学生活を楽しむ護心術
初年次教育ガイドブック

宇田　光 著

簡単に騙されない大学生になるために！　クリティカルシンキングをみがきながらアカデミックリテラシーを身につけよう。大学での学び方と護心術としてのクリティカルシンキングを学ぶ、コンパクトな初年次教育ガイド！　**1600円＋税**

※表示価格は本体価格です。